深入挖掘和阐发中华优秀传统文化讲仁爱、重民本、守诚信、崇正义、尚和合、求大同的时代价值，使中华优秀传统文化成为涵养社会主义核心价值观的重要源泉。

党政干部传统文化学习丛书

李长喜◎主编

中国国学文化艺术中心／组编

求大同

邵文辉／编著

人民出版社

目 录

总　序

弘扬中华优秀传统文化
培育和践行社会主义核心价值观

　　读书学习，是领导干部加强党性修养、坚定理想信念、提升精神境界、涵养高雅情趣的重要途径。习近平同志高度重视领导干部的学习问题。他用古典名句"学者非必为仕，而仕者必为学"来说明，读书人不一定都要当领导干部，而担任领导职务的干部必须坚持读书学习。对学习采取什么态度和应该学习什么内容，习近平同志都有明确要求：领导干部要爱读书、读好书、善读书。真正把读书学习当成一种生活态度、一种工作责任、一种精神追求。要读好马克思主义理论著作、工作必需的各种知识书籍、优秀传统文化书籍。

　　习近平同志很重视学习和弘扬中华优秀传统文化。他指出，要通过研读优秀传统文化书籍，吸收前人在修身处事、治国理政等方面的智慧和经验，养浩然正气，塑高尚人格，不断提高人文素质和精神境界。对于先人传承下来的文化，要坚持古为今用、推陈出新，有鉴别地加以对待，有扬弃地予以继承，努力做到创造性转化，创新性发展。

党的十八大报告指出："倡导富强、民主、文明、和谐，倡导自由、平等、公正、法治，倡导爱国、敬业、诚信、友善，积极培育和践行社会主义核心价值观。"这里用"三个倡导"、24 个字，科学地概括了我国社会主义核心价值观的内涵，明确了国家发展目标，彰显了社会核心理念，确立了公民基本道德，体现了社会主义核心价值体系的本质要求。

培育和践行社会主义核心价值观，必须把行政管理的硬手段和文化管理的软实力结合起来。行政管理的硬手段就是使国家的法律法规、方针政策和各单位制定的制度纪律、计划措施等体现社会主义核心价值观的要求，用这种办法见效快，但时效短。必须经常讲任务，提要求，不断监督检查。所以单靠行政管理硬手段的办法还不行，还必须同时发挥文化软实力的作用。

文化软实力就是管理的软要素，包括优秀的文化传统、高尚的道德理念、良好的价值观念以及单位形

象、行为准则、道德规范、好习惯好作风等。人们在
这样的优良软环境里，通过精神引导、心理暗示、潜
移默化地使心灵得到洗礼，在不知不觉中使道德素质
和思想境界得到提高，不论在什么时候、做什么事
情，都会显示出强大的精神力量。用这种软要素即文
化软实力的管理办法，虽然见效比较慢，但时效长。
企业文化建设、社区文化建设、校园文化建设和机关
文化建设，就是优化和提升管理的软要素即增强文化
软实力。一位现代管理企业家说过："对于企业的发
展，一个好点子可以管几个月，一个好战略可以管几
年，而一个好的企业文化可以使企业长久不衰。"中
华优秀传统文化是最大的文化软实力。用弘扬中华优
秀传统文化的办法培育和践行社会主义核心价值观可
以起到长效作用。

习近平同志指出："培育和弘扬社会主义核心价
值观必须立足中华优秀传统文化。牢固的核心价值
观，都有其固有的根本。抛弃传统，丢掉根本，就等
于割断了自己的精神命脉。""深入**挖掘**和阐发中华优
秀传统文化讲仁爱、重民本、守诚信、崇正义、尚和
合、求大同的时代价值，使中华优秀传统文化成为涵
养社会主义核心价值观的重要源泉。"

根据习近平同志的重要论述，中国国学文化艺术中心组织编著了一套党政干部"学习优秀传统文化"丛书，包括《讲仁爱》《重民本》《守诚信》《崇正义》《尚和合》《求大同》等六册。选取相关的古文语录、经典名句、诗词或诗句等古代原文；用通俗易懂的语言译成白话文，对于与原文有关的背景和典故进行必要的解释；联系实际，古为今用，以古鉴今，深入挖掘和阐发古代原文对于解决当前问题的时代价值和现实意义，着力论述对于培育和践行社会主义核心价值观的借鉴意义和精神力量。温克同志经过多年研究撰写的《养廉洁》一书，深刻而翔实地分析了我国历代出现的贪腐现象、产生的原因及预防的做法，对于我们"永远在路上"进行的反对腐败和廉政建设，很有借鉴意义，所以也列入《党政干部传统文化学习丛书》一并出版。

我们力求使这套丛书成为各级党政干部和有自学阅读能力的人们愿意读、读得懂、易践行的通俗读物，对培育和践行社会主义核心价值观起到积极的长效作用，也企盼读者提出宝贵意见。

李长喜

2016 年 10 月

第一章
大道之行　天下为公

　　自从踏入文明的门槛，人类便一直构筑与追求着心中的理想社会。这种追求穿越古今，宛如一股有力的洪涛，蜿蜒磅礴而来，为社会的发展注入了不竭动力。西方有影响深远的"理想国"，中国则有传承至今的"大同之世"。"大同之世"虽被蒙上了浪漫空想的色彩，然而也留下了可资借鉴的深刻思想，天下为公、选贤与能、扶弱济困、正己正人是其重要的内容。"大道之行，天下为公"的深层意蕴不仅是权力如何架构，更有对为政者的德性要求。在"大道之行"的理想社会里，天子是民选的，也就是中国上古传闻中的"禅让"，这是中国民主的一种原始表现。同时，权力要为民谋利，就是要着力于民生，促进生产发展，改善人民生活。从德性层次而言，要求为政者克己奉公，这在"天下为公"中也是基本要求。同时，还要做到公平公正，这样才能使社会和谐有序。

第一节　天下是天下人之天下

【原文】

大道之行也，与三代之英，丘未之逮也，而有志焉。大道之行也，天下为公。选贤与能，讲信修睦，故人不独亲其亲，不独子其子，使老有所终，壮有所用，幼有所长，矜寡孤独废疾者，皆有所养。男有分，女有归。货恶其弃于地也，不必藏于己；力恶其不出于身也，不必为己。是故谋闭而不兴，盗窃乱贼而不作，故外户而不闭，是谓大同。今大道既隐，天下为家，各亲其亲，各子其子，货力为己，大人世及以为礼，城郭沟池以为固，礼义以为纪，以正君臣，以笃父子，以睦兄弟，以和夫妇，以设制度，以立田里，以贤勇知，以功为己。故谋用是作，而兵由此起。禹、汤、文、武、成王、周公，由此其选也。此六君子者，未有不谨于礼者也。以著其义，以考其信，著有过，刑仁讲让，示民有常。如有不由此者，

在势者去，众以为殃，是谓小康。（《礼记·礼运》）

【释义】

在大道通行的时代，天下是人们所共有和公正的，选举品德高尚和聪明能干的人主持政事，人和人之间讲求信义，和睦相处。因此人们不仅仅亲爱自己的父母，也不仅仅亲爱自己的孩子，而是使每个老年人都能安享晚年，使每个壮年人都为社会贡献才力，使每个孩子都健康成长，使死了妻子的鳏夫、死了丈夫的寡妇、失去父母的孤儿、失去儿女的独老、有残疾的人都能得到供养。男子各有自己的职业，女子各有自己的家庭。既厌恶将财货丢弃在地上浪费，也不一定非要藏在自己家里；既厌恶有力气不肯使出来，也不一定非要为自己获取利益。于是，各种图谋就会消除而不会发生，盗窃、捣乱和破坏的事情就不会发生，家家户户的大门都不用关闭。这就叫作大同社会。现在，大同社会的准则已经被破坏了，天下为一家所有，人们各自亲其双亲，各自爱其子女，财物生怕不归自己所有，气力则唯恐出于己身。天子、诸侯的宝座，时兴父传于子，兄传于弟。内城外城加上护城河，这被当作防御设施。把礼义作为根本大法，用来规范君臣关系，用来使父子关系亲密，用来使兄弟和睦，用来使夫妇和谐，用来设立制度，用来确立田地和住宅，用来表彰有勇有智的人，用来把功劳写到自己的账本上。因此，钩心斗角的事就随之而生，兵戎相见的事也因此而起。夏禹、商汤、周文王、武王、成王、周公，就是在这种情况下产生的佼佼者。这六位君子，没有一个不是把礼当作法宝，用礼来表彰正义，考察诚信，指明过错，效法仁爱，讲究礼让，向百姓展示一切都是有规可循。如有不按礼办事的，当官的要被撤职，民众都把他看作祸害。这就是小康。

《礼记》，又称为《小戴礼记》，是儒家传统的"十三经"之一，由西汉学者戴圣对秦汉以前的礼仪著作加以辑录而成。《礼记》是中国古代礼乐文化的论著汇集，非一人所作，因而在内容上十分博杂，包括了社会制度、礼仪制度、生活规范，也涉及了政治、伦理、哲学、美学、教育、宗教等许多方面的思想观念。《礼记》既包括孔子及其后学的思想，也有其他学派如墨家、道家、法家、阴阳家等先秦诸子百家的思想渗透。

《礼记·礼运》描述的大同社会，是中国传统儒家对未来社会的展望，视其为人类社会发展的终极理想。在这个理想社会里，每个人互相关爱、各安其分、各得其所、珍惜资源、追求奉献，包含着儒家对人与自然、人与人关系的深刻思考，体现出儒家积极的现实主义精神，同时也带有浓厚的理想主义色彩。随着社会的发展和儒家思想的演变，"大同梦"的内涵不断丰富，佛教的慈悲、资本主义的平等自由以及社会主义公有制的思想都不断融入其中，但积极进取、克己爱人的精神内核并没有变。

对于小康社会，《礼记·礼运》作者认为只要为政者实行王道政治，就能实现政治清明、家庭和睦、衣食无忧、安居乐业的社会盛况。我们今天建设的社会主义公有制下的小康社会，已经超过了《礼运》描述的"家天下"时代的小康社会，无论是经济指标，还是人们的生活水平，都已高过以往任何时代的小康社会。

【原文】

禹曰："于！帝念哉！德惟善政，政在养民。水、火、金、木、土、谷，惟修；正德、利用、厚生，惟和。九功惟叙，九叙惟歌。戒之用休，董之用威，劝

之以九歌，俾勿坏。"（《尚书·大禹谟》）

【释义】

禹说："帝啊！您要记住！修德主要表现在搞好政事，而为政的中心在于养育人民。水、火、金、木、土、谷这六府要修治好，端正人民品德、丰富人民财用、改善人民生活这三件事要互相配合。这九个方面的功业都要安排得有秩序，有了秩序，人民自然欢欣鼓舞，歌功颂德了。对于勤劳的人，要用美好的前景去诱导他们；对于怠惰的人，要用刑罚去督责他们；而当人民受到德泽感到欢欣的时候，就要及时鼓励他们开展歌咏活动，使之乐而忘芳，干劲不衰。"

【原文】

夫明乎天下之所以乱者，生于无政长。是故选天下之贤可者，立以为天子。天子立，以其力为未足，又选择天下之贤可者，置立之以为三公。天子、三公既以立，以天下为博大，远国异土之民、是非利害之辨，不可一二而明知，故画分万国，立诸侯国君。诸侯国君既已立，以其力为未足，又选择其国之贤可者，置立之以为正长。（《墨子·尚同上》）

【释义】

明白了天下所以大乱的原因，是由于没有行政长官，所以人们就选择贤能的人，立之为天子。立了天子之后，认为他的力量还不够，因而又选择天下贤能的人，把他们立为三公。天子、三公已立，又认为天下地域广大，他们对于远方异邦的人民以及是非利害的辨别，还不能一一了解，所以又把天下划为万国，然后设立诸侯国君。诸侯国君已立，又认为他们的力量还不够，又在他们国内选择一些贤能的人，把他们立为行政长官。

墨子关于天子及其他官员民选的思想，在当时来说极为超前。在墨子生活的时代，已经是天子世袭、公卿世禄的家天下时代，所以天子民选，只能是一种美好的愿望。这种构想在今天依然有着重要启示。首先，国家治理不但要有中央管理层，也要有地方管理层，分工负责，划区而治。让更多有管理才能的人参与到国家治理中，把他们的利益与国家的利益联系起来，发挥更多人的积极性，同时也更好地利用每个人的能力，使他们做力所能及的事情。其次，这些官员的选拔一定是根据他们的才能，由"民"来选或者依据民意、民愿来选，选出最合适、最能干的人。推进国家治理体系现代化，非常重要的工作就是划分好中央与地方的职权、配备好合适的干部。做好这件工作的关键，就是开展深入的调查研究，多听群众意见，并根据实践的发展、群众的评估，适时予以恰当调整。

【原文】

神农教耕生谷，以致民利。禹身决渎，斩高桥下，以致民利。汤武征伐无道，诛杀暴乱，以致民利。故明王之动作虽异，其利民同也。(《管子·形势解》)

【释义】

神农氏教民耕作生产粮食，以利人民。大禹亲身疏浚河道，铲高治低，以利人民。商汤王和周武王征伐无道，诛杀暴君，以利人民。他们的行动虽有所不同，其有利于人民则是一样的。

【原文】

昔先圣王之治天下也必先公，公则天下平矣，平得于公。尝试观于《上志》，有得天下者众矣，其得

之以公，其失之必以偏。凡主之立也生于公。(《吕氏春秋·孟春纪·贵公》)

【释义】

从前，先代圣主治理天下，一定把公正无私放在首位。做到公正无私，天下就安定了。天下获得安定是由于公正无私。试考察一下古代的记载，曾经取得天下的人是相当多的。如果说他们取得天下是由于公正无私，那么他们丧失天下必定是由于偏颇有私。大凡立君的本意，都是出于公正无私。

【原文】

夫有公心，必有公道；有公道，必有公制。(《傅子·通志》)

【释义】

如果为政者有公心，就会行公道；如果为政者行公道，就会制定公正的法律和制度。

傅玄(217—278年)，字休奕，北地郡宜阳(今铜川市耀县)人，是西晋初年的著名政治家、思想家，著有《傅子》《傅玄集》等。

从政为官要有公心，这一点非常重要，如果没有公心，即使是再好的制度，也会沦为私人牟利的工具。

【原文】

古者以天下为主，君为客，凡君之所毕世而经营者，为天下也。（《明夷待访录·原君》）

【释义】

古时，天下百姓为主人，君主为客人。君主一生努力所从事的事情，就是为了天下人谋福利。

黄宗羲提出"天下为主，君为客"的民主思想，抨击了封建君主专制制度，对以后反专制斗争起了积极的推动作用。

【原文】

兴利之事须实有功，不得徒以志为有利于人也。（《霜红龛集·墨子大取篇释》）

【释义】

为百姓谋福利，必须要做实事，不能仅仅是谋福利的想法和言语，也不能限于计划的制订，而是要落到实处。

【现代意义】

古人"大道之行，天下为公"的社会理想，既点出了权力是整个社会实现大同的关键因素，也表明了权力运行的基本原则是公有、为公、公正、公平。天下公有，这就是说天子和百官不是世袭，而是由民选；为公，是指使用权力不是为了谋取私利，而是为了天下百姓的福祉；公正、公平就是要求为政者在使用权力时要不偏不倚。大同社会天下为公的思想，对我们建设社会主义来说，有着极为重要的意义。

中国共产党的立党为公、执政为民的理念和大同社会"大道之行，天下为公"的思想一脉相承，权力公有、为公、公正、公平也是社会主义的基本原则，已经融合在了社会主义核心价值观之中。

做到天下为公，至少有三个维度要做好，一是民主制度的建设，二是法律的健全，三是道德的教育。

社会主义民主，就是要真正落实人民当家做主的权利，保证人民依法有效行使管理国家事务、管理经济和文化事业、管理社会事务的权力；坚持用制度管权管事管人，把权力关进制度的笼子里，让人民监督权力，让权力在阳光下运行。

发展社会主义民主，维护社会公平公正，必须坚持依法治国。依法治国就是要使民主制度化、法律化，保障人民民主权利的落实。促进社会公平正义是政法工作的核心价值追求。从一定意义上说，公平正义是政法工作的生命线，司法机关是维护社会公平正义的最后一道防线。但是，如果有了法律不能有效实施，再多法律也是一纸空文，依法治国就会成为一句空话，公平公正也是一句空话。

制度和法律是刚性的规定，还必须有道德这一柔性的要素相配合，只有这样才能自觉遵循制度，知法守法，才能做到天下为公。要加强领导干部的道德修养，引导他们珍重人格、珍爱声誉、珍惜形象，增强道德责任感，常修为政之德，积小德养大德，努力成为思想纯洁、品行端正的示范者，爱岗敬业、敢于负责的力行者，明礼诚信、遵纪守法的先行者，生活正派、情趣健康的引领者。对于道德败坏者，必须将他们清除出领导干部的队伍。

第二节　民意就是天意

【原文】

天视自我民视，天听自我民听。(《尚书·泰誓》)

【释义】

上天的看法，出自我们人民的看法；上天的听闻，出自我们人民的听闻。

在古代，社会的文明程度还很低下，宗教迷信思想还十分浓厚，天意是最大的权威。但是，天意看不见也听不到，同时人民处于社会底层，没有表达自己心声的渠道，因此有识之士就将民意等同于天意，来增加民意的权威性，警示统治者要重视民意。在现代社会，人民是社会的主体，那就需要给人民表达自己心声的渠道，同时，各级官员必须高度重视人民的意愿，这是现代社会基本的要求。

【原文】

皇祖有训，民可近，不可下，民惟邦本，本固邦

宁。(《尚书·五子之歌》)

【释义】

伟大的祖先有过明确的训示，人民可以亲近而不可看轻；人民是国家的根本，根本牢固，国家才能安宁。

"民惟邦本"的思想反映了人们从政治实践中看到了统治者与被统治者的相互依存关系，认为正确处理民众、国家、君主三者之间的关系，对维护君主的统治有重要指导作用。

【原文】

圣人常无心，以百姓心为心。善者，吾善之；不善者，吾亦善之，德善。信者，吾信之；不信者，吾亦信之，德信。圣人在天下，歙歙焉；为天下浑其心。百姓皆注其耳目，圣人皆孩之。(《老子》第四十九章)

【释义】

圣人常常是没有私心的，以百姓的愿望作为自己的愿望。对于善良的人，我善待于他；对于不善良的人，我也善待他，这样就可以得到善良了，从而使人人向善。对于守信的人，我信任他；对不守信的人，我也信任他，这样可以就得到诚信了，从而使人人守信。有道的圣人在其位，收敛自己的欲意，使天下的心思归于纯朴。百姓们都专注于自己的耳目聪明，有道的人使他们都回到婴孩般纯朴的状态。

【原文】

民为贵，社稷次之，君为轻。是故得乎丘民而为天子，得乎天子为诸侯，得乎诸侯为大夫。诸侯危社稷，则变置。牺牲既成，粢盛既絜，祭祀以时，然而旱乾水溢，则变置社稷。(《孟子·尽心下》)

【释义】

人民最为贵重，政权是第二位的，君主是最轻的。因此得到人民的认可才能成为天子，得到天子的认可才能成为诸侯，得到诸侯的认可才能成为大夫。诸侯危害社稷国家，就另外改立。用作祭祀的牲畜已经长成，用作祭祀的粮食已经洁净，并且按时祭祀，但仍发生旱灾水灾，那么就另外改换土神和谷神祭祀。

"民贵君轻"是中国古代最精彩的思想命题之一，其核心理念是：在政治权力本原的意义上，民众比君主更重要。孟子的这一观点在当时是极为激进的，甚至到了明代朱元璋仍对孟子恨之入骨，一度将孟子像驱逐出孔庙，后虽恢复，但却大量删节《孟子》，民贵君轻也被删除，并要求删节的内容不能作为科举考试的内容。

【原文】

夫霸王之所始也，以人为本。本理则国固，本乱则国危。(《管子·霸言》)

【释义】

以人民为根本，是君主称王称霸的开始；治理好人民则国家安定，治理不好人民则国家危险。

【原文】

夫民，神之主也。是以圣王先成民而后致力于神。(《左传·桓公六年》)

【释义】

人民才是神灵的主人，所以圣王必然先满足人民的需要，然后再进行祭祀满足神灵的需要。

《左传》原名为《左氏春秋》，汉代改称《春秋左氏传》，简称《左传》。相传是春秋末年左丘明为解释孔子的《春秋》而作。《左传》实质上是一部独立撰写的史书。它起自鲁隐公元年（前722年），迄于鲁悼公十四年（前453年），以《春秋》为本，通过记述春秋时期的具体史实来说明《春秋》的纲目，是中国传统文化重要经典之一。

【原文】

闻之于政也，民无不以为本也，国以为本，君以为本，吏以为本。故国以民为安危，君以民为威侮，吏以民为贵贱，此之谓民无不为本也。(《贾谊集·大政》)

【释义】

在国家治理中，不能不以民为本，国家以民为本，君主以民为本，官吏也以民为本。因为人民关系着国家的安全和危险，关系着君主的威严和屈辱，也关系着官员的尊贵和低贱，所以不能不以民为本。

贾谊（前200—前168年），西汉时期洛阳（今河南省洛阳市东）人。由于当过长沙王太傅，故世称贾太傅、贾生、贾长沙。汉朝著名的思想家、文学家。其政论文《过秦论》《论积贮疏》《治安策》等，在历史上有很高的地位。

【原文】

天之生民，非为王也，而天之立王以为民也。故其德足以安乐民者，天予之；其恶足以贼害民者，天夺之。（《春秋繁露·尧舜不擅移、汤武不专杀》）

【释义】

上天生出人民，并不是为了君王；相反，上天树立君王，却是为了人民。所以德行足以安民乐民的人，上天将他立为君王；而德行足以祸害人民的，上天剥夺他的君位。

《春秋繁露》是后人辑录董仲舒遗文而成书，书名为辑录者所加。董仲舒（前179—前104年），广川（今河北枣强）人，西汉哲学家，今文经学大师，专治《春秋公羊传》，曾任博士、江都相和胶西王相。

建议汉武帝"罢黜百家，表彰六经"，被采纳施行，儒学自此成为两千多年中国社会的主流思想。

【原文】

君依于国，国依于民。刻民以奉君，犹割肉以充腹，腹饱而身毙，君富而国亡。故人君之患，不自外来，常由身出。夫欲盛则费广，费广则赋重，赋重则民愁，民愁则国危，国危则君丧矣。（《资治通鉴·卷一百九十二·唐纪八》）

【释义】

君主依靠国家，国家依靠人民。剥削人民来满足君主贪欲，好像割下身上的肉来满足口腹之欲，肚子吃饱了而身体却死亡了，君主富裕了而国家却灭亡了。所以君主的祸患，不是来自外面，而是来自于自身。君主的贪欲越多则花费越多，花费越多则不断向人民增加赋税，赋税多则人民发愁，人民发愁则国家危险，国家危险则君主丧权身灭。

这段话出自唐太宗之口。唐太宗参加了隋末农民战争，认识到人民的力量，所以他继位后重视人民，励精图治，善于纳谏，开创了"贞观之治"的盛世局面。

《资治通鉴》（常简作《通鉴》），是由北宋司马光主编的一部多卷本编年体史书，共294卷，历时19年完成。主要以时间为纲，事件为目，从周威烈王二十三年（前403年）写起，到五代后周世宗显德六年（959年）征淮南停笔，涵盖16朝1362年的历史。《资治通鉴》是中国第一部编年体通史，在中国官修史书中占有极重要的地位。

【现代意义】

民为邦本是中国朴素的人民史观，也是古人所设想的美好社会中最重要的内容。在古代，人民群众处于无权的社会的底层，同时由于社会生产力的低下，绝大多数人从事着物质资料的生产，且受到当权者的剥削和压迫，没有得到社会应有的承认。但是，这并不意味着人民群众不是历史的主体，也不意味着不会创造历史。在漫长的历史过程中，人民群众用自己勤劳的双手，创造和积累了社会物质财富和精神财富，促进社会发展，中国古代的有识之士已经直观地感受到了人民群众的这种历史作用。所以，他们反复告诫统治者，民为邦本，本固邦宁。

今天，我们必须明确树立人民史观，自觉地把人民群众作为历史和社会的主人，充分认识到人民群众对社会发展的根本作用，同时也要给予人民群众社会主人的权利和责任，使人民群众能够更好地发挥他们的创造性。

既然民为邦本，那么在国家的政治生活中，就要将人民的事情放在第一位。那种危害百姓而政府获利的行为，正是唐太宗李世民所言的"割肉而饱腹"的愚蠢和浅见的行为。在政府工作中，尤其是要重视基层工作，因为基层工作直接和百姓的生产生活密切联系，如果基层出现问题，必然动摇整个国家的根基，正所谓"基础不牢，地动山摇"。

民为邦本，也就意味着人民群众是历史的主体，也是实践的主体，就要在政治生活中坚持群众观点和群众路线。群众观点就是坚信人民群众自己解放自己的观点，全心全意为人民服务的观点，一切向群众负责的观点，以及虚心向群众学习的观点。群众路线就是一切为了群众，一切依靠群众，从群众中来，到群众中去。

中国先哲已经认识到民为邦本，故而他们主张要爱民、重民、顺民、惠民，只有这样才能得民，才能实现社会的安定有序和长治久安。"得民心者得天下，失民心者失天下"绝不仅仅是智者的忠言，而是历史反复证明了的真理。在当代，有必要把传统民为邦本思想与现阶段民主建设相结合，把以人为本、爱民、重民、顺民、惠民的优秀思想，注入到民主建设中来，进一步巩固人民的主体地位，从而使民主在制度和操作实践上得到不断健全。

第三节　协和万邦

【原文】

曰若稽古帝尧，曰放勋，钦明文思安安，允恭克让，光被四表，格于上下。克明俊德，以亲九族。九族既睦，平章百姓。百姓昭明，协和万邦。黎民于变时雍。（《尚书·尧典》）

【释义】

查考往事，帝尧名叫放勋，他恭敬节俭，明察四方，善理天下，道德纯备，温和宽容。他忠实不懈，又能让贤，光辉普照四方，思虑至于天地。他能发扬大德，使家族亲密和睦。家族和睦以后，又辨明其他各族的政事。众族的政事辨明了，又协调万邦诸侯，天下众民因此也就友好和睦起来。

【原文】

大国者下流，天下之交，天下之牝。牝常以静胜牡，以静为下。故大国以下小国，则取小国；小国以下大国，则取大国。故或下以取，或下而取。大国不过欲兼畜人，小国不过欲入事人。此两者各得其所欲，大者宜为下。（《老子》第六十一章）

【释义】

大国要像居于江河下游那样，使天下百川河流交汇在这里，处在天下雌柔的位置。雌柔常以安静守定而胜过雄强，这是因为它居于柔下的缘故。所以，大国对小国谦下忍让，就可以取得小国的信任和依赖；小国对大国谦下忍让，就可以见容于大国。所以，或者大国对小国谦让而取得大国的信任，或者小国对大国谦让而见容于大国。大国不要过分想统治小国，小国不要过分想顺从大国。两方面要各得所求的，大国尤其应该谦下忍让。

【原文】

叶公问政。子曰："近者说，远者来。"（《论语·子路》)

【释义】

叶公向孔子请教治国的道理。孔子说："让本国的百姓欢悦，吸引异国他乡的百姓来投。"

【原文】

齐宣王问曰："交邻国有道乎?"

孟子对曰："有。惟仁者为能以大事小，是故汤事葛，文王事昆夷。惟智者为能以小事大，故太王事獯鬻，勾践事吴。以大事小者，乐天者也；以小事大者，畏天者也。乐天者保天下，畏天者保其国。《诗》云：'畏天之威，于时保之。'"（《孟子·梁惠王下》)

【释义】

齐宣王问道："和邻国交往有什么规律和原则吗?"

孟子回答说："有。只有有仁德的人才能够以大国的身份侍奉小国，所以商汤侍奉葛，周文王侍奉昆

夷。只有有智慧的人才能够以小国的身份侍奉大国，
所以周太王侍奉獯鬻，越王勾践侍奉吴王夫差。以大
国身份侍奉小国的，是以天命为乐的人；以小国身份
侍奉大国的，是敬畏天命的人。以天命为乐的人安定
天下，敬畏天命的人安定自己的国家。这就是《诗
经》所说的'畏惧上天的威灵，因此才能够安定'。"

【原文】

和戎有五利焉：戎狄荐居，贵货易土，土可贾
焉，一也。边鄙不耸，民狎其野，穑人成功，二也。
戎狄事晋，四邻振动，诸侯威怀，三也。以德绥戎，
师徒不勤，甲兵不顿，四也。鉴于后羿，而用德度，
远至迩安，五也。(《左传·襄公四年》)

【释义】

跟戎人讲和有五种利益：戎狄逐水草而居，重财
货而轻土地，他们的土地可以收买，这是一。边境不
再有所警惧，百姓安心在田野里耕作，农田管理的人
可以完成任务，这是二。戎狄事奉晋国，四边的邻国
震动，诸侯因为我们的威严而慑服，这是三。用德行
安抚戎人，将士不辛劳，武器不损坏，这是四。有鉴

于后羿的教训，而利用道德法度，远国前来而邻国安心，这是五。

【原文】

礼尚往来，往而不来，非礼也；来而不往，亦非礼也。(《礼记·曲礼上》)

【释义】

礼节崇尚有来有往，我们出访他国，他国不来，不符合礼节；他国来访，我们不回访，也不符合礼节。

【原文】

国德而邻于不修，必受其福。(《国语·周语下》)

【释义】

一个国家如果政治清明，百姓和睦，而它的邻国却反其道而行之，那么这个国家就会受到好处。

《国语》是中国最早的一部国别体著作。记录了周朝王室和鲁国、齐国、晋国、郑国、楚国、吴国、越国等诸侯国的历史。上起周穆王十二年（前990

年）西征犬戎（约前 947 年），下至智伯被灭（前
453 年）。包括各国贵族间朝聘、宴飨、讽谏、辩说、
应对之辞以及部分历史事件与传说。

【原文】

国虽大，好战必亡；天下虽安，忘战必危。(《司
马法·仁本》)

【释义】

国家虽然强大，但好战必亡；天下虽然安定，但
忘记战争必然危险。

《司马法》是我国古代重要兵书之一，大约成书
于战国初期，流传至今已两千多年，亡佚很多，现仅
残存五篇。

【原文】

是故入其国者从其俗，入其家者避其讳，不犯禁
而入，不忤逆而进，虽之夷狄徒倮之国，结轨乎远方
之外，而无所困矣。(《淮南子·齐俗训》)

【释义】

到了别的国家就该遵从他们的习俗，到了别人家就应回避他们的忌讳；不要违反当地的禁令，也不要触犯当地的习俗，这样你就是到了像夷狄这样赤足裸体的落后国家、荒远异域，也不会感到窘困。

【现代意义】

在"大同"思想的启迪下，中国古代形成了独特的"天下"观，这是一种处理国家间关系的重要理念，蕴含着丰富的内容。在天下观中，国家并不是最大的单位，这与现代西方民族/国家的理念不同。现代西方的民族/国家的理念中，国家是最大的单位，国家利益是最高的追求。而在天下观中，最高的是天下利益。今天，许多问题是人类共同面对的，如生态危机、环境危机、经济危机、恐怖主义等，这就要求世界各国要突破各自的国家利益，从天下——全球的角度来审视，加强国家间的合作，实现整个人类的生存与发展。

在天下观中，"和"是最基本的要求——向往和平，追求和平，维护和平，正所谓"天下一家""四海一人"。所以战争、殖民从来不是中国人的追求。

新中国成立之初，就提出了"和平共处"五项基本原则，而在中国日益强大的今天，我们承诺永不称霸，都与中国传统尚和思想一脉相承。"和"的思想，是中华民族奉献给全世界人民的一分宝贵的精神财富。

在天下观中，国家间的关系应该是以德服人，表正万邦、尊重小国、卫弱禁暴、救助邻国，主持道义。在现代国际交往中，这些原则依然有着重要意义。在当今世界，一些国家凭借自己的强大国力，推行霸权，导致世界纷争四起，祸乱不断。这对人类发展是极大的危害。中国已经成为维护世界和平的重要力量，在国际上匡扶正义，不侵略他国，不干涉别国内政，无偿援助贫困国家。中国在国际上的这些行为，将中国传统的天下观与社会主义原则有机融合起来，越来越为更多的国家所称道。

当然，爱好和平不等于放弃武力，相反，必须要加强武力建设。无论是中国屈辱的近现代史，还是当下武力大国的霸权行为，都清楚地告诉我们，"止戈为武"依然是重要的原则。建设一支用时能战，战之能胜的钢铁之师依然是国家建设的重要方面。

第四节　仁者浑然与万物同体

【原文】

子曰："弟子，入则孝，出则悌，谨而信，泛爱众，而亲仁。"（《论语·学而》）

【释义】

孔子说："弟子们在父母跟前，就孝顺父母；出门在外，要顺从师长，言行要谨慎，要诚实可信，寡言少语，要广泛地去爱众人，亲近那些有仁德的人。"

【原文】

君子之于物也，爱之而弗仁；于民也，仁之而弗亲。亲亲而仁民，仁民而爱物。（《孟子·尽心上》）

【释义】

君子对于万物，爱惜却不仁爱；对于万民，仁爱却不亲近。亲爱亲人而仁爱人民，仁爱人民而爱惜万物。

【原文】

夫大人者，与天地合其德，与日月合其明，与四时合其序，与鬼神合其吉凶，先天而天弗违，后天而奉天时。天且弗违，而况于人乎，况于鬼神乎。(《易经·乾·文言》)

【释义】

九五爻辞所讲的"大人"，他的德行与天地相配合，生成万物；他的光明与日月相配合，普照一切；他的政令与四季相配合，井然有序；他的赏罚与鬼神相配合，吉凶一致；他的行动先天而发，但上天不会背弃他；他的行动后天而发，那是依奉天时行事。上天尚且不背弃他，更何况人呢？更何况鬼神呢？

【原文】

曾子曰："树木以时伐焉，禽兽以时杀焉。夫子曰：'断一树，杀一兽，不以其时，非孝也。'"(《礼记·祭义》)

【释义】

曾子说："树木要在适当的时候砍伐，禽兽要在适当的时候捕杀。孔子说:'哪怕是砍伐一棵树木,哪怕是捕杀一只禽兽,只要砍伐、捕杀得不是时候,就是不孝。'"

【原文】

唯天下至诚,为能尽其性;能尽其性,则能尽人之性;能尽人之性,则能尽物之性;能尽物之性,则可以赞天地之化育;可以赞天地之化育,则可以与天地参矣。(《中庸》)

【释义】

只有天下至诚之人,才能完全发挥自己的天性;能完全发挥自己的天性,就能完全发挥他人的天性;能完全发挥他人的天性,就能完全发挥万物的性能;能完全发挥万物的性能,就可以赞助天地化育万物;可以赞助天地化育万物,就可以和天地并列。

【原文】

君者,善群也。群道当则万物皆得其宜,六畜皆得其长,群生皆得其命。故养长时则六畜育,杀生时则草木殖,政令时则百姓一,贤良服。

圣王之制也，草木荣华滋硕之时则斧斤不入山林，不夭其生，不绝其长也；鼋鼍、鱼鳖、鳅鳣孕别之时，罔罟毒药不入泽，不夭其生，不绝其长也；春耕、夏耘、秋收、冬藏，四者不失时，故五谷不绝而百姓有余食也；污池、渊沼、川泽谨其时禁，故鱼鳖优多而百姓有余用也；斩伐养长不失其时，故山林不童而百姓有余材也。（《荀子·王制》）

【释义】

所谓君，就是善于把人组织成社会群体的意思。组织社会群体的原则恰当，那么万物都能得到应有的合适安排，六畜都能得到应有的生长，一切生物都能得到应有的寿命。所以饲养适时，六畜就生育兴旺；砍伐种植适时，草木就繁殖茂盛；政策法令适时，老百姓就能统一起来，有德才的人能被使用。

圣明帝王的制度：草木正在开花长大的时候，砍伐的斧头不准进入山林，这是为了使它们的生命不夭折，使它们不断生长；鼋、鼍、鱼、鳖、泥鳅、鳝鱼等怀孕产卵的时候，渔网、毒药不准投入湖泽，这是为了使它们的生命不夭折，使它们不断生长。春天耕种、夏天锄草、秋天收获、冬天储藏，这四件事都不丧失时机，所以五谷不断地生长而老百姓有多余的粮食；池塘、水潭、河流、湖泊，严格在规定时期内捕捞，所以鱼、鳖丰饶繁多而老百姓有多余的资财；树木的砍伐与培育养护不错过季节，所以山林不会光秃秃而老百姓有多余的木材。

【原文】

故帝王好坏巢破卵，则凤凰不翔焉；好竭水搏鱼，则蛟龙不出焉；好刳胎杀夭，则麒麟不来焉；好填溪塞谷，则神龟不出焉。故王者动必以道，静必以理；动不以道，静不以理，则自天而不寿，妖孽数起，神灵不见，风雨不时，暴风水旱并兴，人民夭死，五谷不滋，六畜不蕃息。（《大戴礼记·易本命》）

【释义】

如果帝王经常破坏鸟巢鸟卵，则凤凰不会再飞翔；如果经常涸泽而渔，则蛟龙不会再出现；如果经常杀死怀孕的野兽和幼兽，则麒麟不会再来；如果经常填充溪水和山谷，则神龟不会再出现。所以王者的行为必须符合天地万物生长规律，否则，就会损害自己的阳寿，还会导致妖孽四起，神灵不现，风不调雨不顺，水旱灾害交替发作，人民遭殃横死，五谷歉收，六畜不会繁衍生息。

《大戴礼记》，亦名《大戴礼》《大戴记》。传统学者认为该书成于西汉末礼学家戴德（世称大戴）之手。现代学者经过深入研究，推翻传统之说，论定成书时间应在东汉中期。它很可能是当时大戴后学为传习《士礼》（即今《仪礼》前身）而编定的参考资料汇集。

【原文】

乾称父，坤称母；予兹藐焉，乃混然中处。故天地之塞，吾其体；天地之帅，吾其性。民吾同胞，物吾与也。（《正蒙·乾称》）

【释义】

《易经》的《乾》卦，表示天道创造的奥秘，称作万物之父；《坤》卦表示万物生成的物质性原则与结构性原则，称作万物之母。我如此藐小，却有天地之道于一身，而处于天地之间。这样看来，充塞于天地之间的（坤地之气），就是我的形色之体；而引领统率天地万物以成其变化的，就是我的天然本性。人民百姓是我同胞的兄弟姊妹，而万物皆与我为同类。

【原文】

学者须先识仁。仁者，浑然与物同体。义、礼、知、信皆仁也。识得此理，以诚、敬存之而已。不须防检，不须穷索。若心懈则有防，心苟不懈，何防之有？理有未得，故须穷索，存久自明，安待穷索？（《识仁篇》）

【释义】

有志于儒家圣人之学的人首要的是体知全德本体之"仁"。全德充备的仁者能在知见上拨无内外物我等俗谛的区隔，达到与万物浑然融通为一体的境界。在具体生活情境之中表现出来的合道义、守礼法、有理智、遵信诺等美德，均是由此全德本体之"仁"显化出来的。体知到这个作为全德本体的"仁"，就只需以恒一不杂和持己无邪的功夫存养从而保其不失罢了。不必对身心进行严苛的防范和约束——这样会使生命变得枯寂和涩滞，不必对仁道进行苦心焦思的探究——这样会将仁道弄得教条和细碎。设想一下：是因为心中懈怠，所以才会对身行心思进行严格的防范和约束。如果能存养仁心而不懈怠，又怎么会有防范和约束呢？是因为没有从根本上确立起对于仁道的整全而贯通的了解，所以才会苦心思虑仁道到底是什么样子的。经过长久地存养功夫就自然会达到明澈贯通的境地，哪里需要借助于苦心焦思地探究呢？

【原文】

"天地以生物为心"，天包着地，别无所作为，只是生物而已。亘古至今，生生不穷。人物则得此生物之心以为心。(《朱子语类》卷五三)

【释义】

天地以生长万物为心，天覆盖着地，不做别的事，只是生长万物而已。从古至今，万物之所以生生不息，就是因为人和万物都承继了天地的这种生长万物之心为心。

【原文】

大人者，以天地万物为一体者也。其视天下犹一家，中国犹一人焉。若夫间形骸而分尔我者，小人矣。大人之能以天地万物为一体也，非意之也，其心之仁本若是，其与天地万物而为一也。岂惟大人，虽小人之心亦莫不然，彼顾自小之耳。是故见孺子之入井，而必有怵惕恻隐之心焉，是其仁之与孺子而为一体也。孺子犹同类者也，见鸟兽之哀鸣觳觫，而必有不忍之心焉，是其仁之与鸟兽而为一体也。鸟兽犹有知觉者也，见草木之摧折而必有悯恤之心焉，是其仁之与草木而为一体也。草木犹有生意者也，见瓦石之毁坏而必有顾惜之心焉，是其仁之与瓦石而为一体也。（《大学问》）

【释义】

那些能够称为"大人"的人，是把天地万物看作一个整体的人。他们把普天之下的众生万物看成一家，把整个国家当作一人。如果按照世间不同个体差异而把人分为你我，这已经是"小人"了。"大人"之所以能够把天地万物视为一体，并不是他们的主观意识，而是心之仁本来就是如此。与天地万物为一体，不仅仅是"大人"如此，即使是"小人"之心也是如此，只不过他们只看到了自己而已。所以看见小孩子要掉入水井里，人就会产生担心同情之心，这是人的仁爱之心与小孩子连为一体。如果说小孩子还是

人类，不能说明人与天地万物一体的话，那么人看到
鸟兽哀鸣、惊惧发抖，也会产生不忍之心，这是人的
仁爱之心与鸟兽连为一体。如果说鸟兽与人一样尚有
生命，不能说明人与天地万物一体的话，那么人看到
草木被折断必然产生怜悯体恤之情，这是仁爱之心与
草木连为一体。如果说草木尚属于生命，不能说明人
与天地万物一体的话，那么人看到瓦片石块被破坏而
有可惜之情，这是仁爱之心与瓦片石块连为一体。因
此，人与天地万物是一体的。

《大学问》是王守仁的纲领性哲学著作，被其弟
子们视为儒家圣人之学的入门教科书。王守仁，幼名
云，字伯安，别号阳明。浙江绍兴府余姚县（今宁波
余姚）人，因曾筑室于会稽山阳明洞，自号阳明子，
学者称之为阳明先生，亦称王阳明。是明代著名的思
想家、文学家、哲学家和军事家，陆王心学之集大成
者，精通儒家、道家、佛家。王守仁的学说思想王学
(阳明学)，是明代影响最大的哲学思想。其学术思想
传至日本、朝鲜半岛以及东南亚。弟子极众，世称姚
江学派。有《王文成公全书》。

【原文】

若夫至仁，则天地为一身，而天地之间品物万形为四肢百体。夫人岂有视四肢百体而不爱者哉?(《宋元学案·明道学案》)

【释义】

如果达到最高的仁爱，则把天地看作自己的身体，天地之间的万事万物就是自己的四肢。人岂有不爱自己躯干四肢的道理?

《宋元学案》最早为黄宗羲整理，光绪五年(1879年)张汝霖再次主导，翻刻于长沙，成通行的一百卷。

【现代意义】

在古人的理想社会中，"天人合一"的整体思维模式、"天地之大德曰生"的大生命观、"仁民爱物"的价值观尤其值得借鉴传承。在中国古人看来，天地并非是一个冰冷的客观存在物和纯粹的客观认知对象，而是孕育出万物包括人在内的一个大生命体。天地是万物之源、人生之本，它以生物为心，有其内在的价值；人作为天地氤氲出来的万物之灵，赞助天地之化育，帮助天地实现其内在价值。这是天人之所以合一的深层依据。由于天地是温情脉脉的人文本体，因此人通过体会天地之心，油然而生发出一种敬畏、感恩、仁爱的情感，并由此而派生出爱护、尊重自然的情感。

近代以来，随着科技革命，人类改造自然的能力越来越强，也激发了"人类中心主义"思想的膨胀，致使人类把自己凌驾于自然之上，对自然进行了无节制的索取和改造：森林的过度砍伐，农药、化工产品的过度使用，土地的过度耕作，等等。这一切，都超出了自然的承受能力，造成了森林面积巨减，水土流失，土地沙化，植被破坏，环境恶化，污染严重，物种灭绝，温室效应，极端气候频发，等等。人类对自然的破坏，对自然规律的违背，遭受了自然的严厉报复，已经危及人自身的生存。

要解决当下的生态危机，不仅需要技术的进一步发展，更需要思想观念的彻底转变。要放弃西方主客对立、将自己视为自然主人的"人类中心主义"的思维方式。在这一问题上，中华优秀传统文化可以为生态文明建设提供极为有用的思维方式和价值理念。

不论科学技术如何发达，人类改造自然的能力多强，都必须承认人是自然的一部分这一事实，人的活动必须遵守自然规律，这是人类生产和生活的基础。在天地大化流行中，最为磅礴充盈的就是生生之意，这是古人仰观天文、俯察地理，对天地之德的最重要的体察。如果对这种"生意"进行肆无忌惮的践踏就是对宇宙秩序和生命的深层破坏，从而会遭到宇宙的惩罚。现在，人类保护自然的动力，更多来自于理性的算计——保护环境对我们有利。这依然是一种功利主义的思维方式。而古人则将仁爱从人推及自然万物，成为人的一种基本德性，无疑会提高人保护自然的自觉性。

第二章
王道之制　选贤与能

　　在任何时代，管理者对社会的治乱安危都起着关键作用。大同社会主张"选贤与能"，强调把最优秀的人才选拔到社会管理岗位上。这是大同社会健康运行的组织保证，也是实现大同理想的必由之路。那么如何才能选出既贤又能的人才呢？古人在这方面进行了有益的探索。选贤与能首先需要"知人"。在考察官员的时候，不仅要考察他所表现出的品德和才能，还要同时观察他在无意识中流露出来的志向和兴趣，不仅要看他说了什么，还要看他做了什么。在古人看来，志向和兴趣体现着"本真的我"，行动所表现出的是"实际的我"，只有抓住这些，才能观察到人才的"本质"。为了避免个人的局限，对所考察的人才还要听取大众的意见，只有大众认可，才能考虑选拔。另外，选贤与能，并不是要一概排除与自己关系亲近的人，而是要做到内举不避亲、外举不避仇，做到唯贤能是举。在人才的使用中，还要做到赏罚严明，充分调动人才的积极性和主动性，避免人才的褪色和变质。

第一节　知人善任

【原文】

月正元日，舜格于文祖，询于四岳，辟四门，明四目，达四聪。咨十有二牧，曰："食哉惟时！柔远能迩，惇德允元，而难任人，蛮夷率服。"

舜曰："咨，四岳！有能奋庸熙帝之载，使宅百揆，亮采惠畴？"佥曰："伯禹作司空。"帝曰："俞咨！禹，汝平水土，惟时懋哉！"禹拜稽首，让于稷、契、暨皋陶。帝曰："俞，汝往哉！"

帝曰："弃！黎民阻饥，汝后稷，播时百谷。"

帝曰："契！百姓不亲，五品不逊。汝作司徒，敬敷五教，在宽。"

帝曰："皋陶！蛮夷猾夏，寇贼奸宄。汝作士，五刑有服，五服三就。五流有宅，五宅三居。惟明克允!"

帝曰："畴若予工?"佥曰："垂哉!"帝曰："俞咨! 垂，汝共工。"垂拜稽首，让于殳斨暨伯与。帝曰："俞，往哉! 汝谐。"

帝曰："畴若予上下草木鸟兽?"佥曰："益哉!"帝曰："俞咨! 益，汝作朕虞。"益拜稽首，让于朱、虎、熊、罴。帝曰："俞，往哉! 汝谐。"

帝曰："咨! 四岳，有能典朕三礼?"佥曰："伯夷!"帝曰："俞咨! 伯，汝作秩宗。夙夜惟寅，直哉惟清。"伯拜稽首，让于夔、龙。帝曰："俞，往，钦哉!"

帝曰："夔! 命汝典乐，教胄子，直而温，宽而栗，刚而无虐，简而无傲。诗言志，歌永言，声依永，律和声。八音克谐，无相夺伦，神人以和。"夔曰："于! 予击石拊石，百兽率舞。"

帝曰："龙，朕堲谗说殄行，震惊朕师。命汝作纳言，夙夜出纳朕命，惟允!"

帝曰："咨! 汝二十有二人，钦哉! 惟时亮天功。"(《尚书·尧典》)

【释义】

尧帝去世的第二年正月的一个吉日，舜到了尧的太庙，与四方诸侯君长谋划政事，打开明堂四门宣布政教，使四方见得明白，听得通彻。

"啊，十二州的君长！"舜帝说，"生产民食，必须依时！安抚远方的臣民，爱护近处的臣民，亲厚有德的人，信任善良的人，而又拒绝邪佞的人，这样，边远的外族都会服从。"

舜帝说："啊！四方诸侯的君长！有谁能奋发努力、发扬光大尧帝的事业，使居百揆之官辅佐政事呢？"

都说："伯禹现在做司空。"

舜帝说："好啊！禹，你曾经平定水土，还要努力做好百揆这件事啊！"禹跪拜叩头，让给稷、契和皋陶。

舜帝说："好啦，还是你去吧！"

舜帝说："弃，人们忍饥挨饿，你主持农业，教人们播种各种谷物吧！"

舜帝说："契，百姓不亲，父母兄弟子女都不和顺。你做司徒吧，谨慎地施行五常教育，要注意宽厚。"

舜帝说："皋陶，外族侵扰我们中国，抢劫杀人，造成外患内乱。你做狱官之长吧，五刑各有使用的方法，五种用法分别在野外、市、朝三处执行。五种流放各有处所，分别住在三个远近不同的地方。要明察案情，处理公允！"

舜帝说："谁能当好掌管我们百工的官？"

都说："垂啊！"

舜帝说："好啊！垂，你掌管百工的官吧！"垂跪拜叩头，让给殳斨和伯与。

舜帝说："好啦，去吧！你同他们一起去吧！"

舜帝说："谁掌管我们的山丘草泽的草木鸟兽呢？"

都说："益啊！"

舜帝说："好啊！益，你担任我的虞官吧。"益跪拜叩头，让给朱虎和熊罴。

舜帝说："好啦，去吧！你同他们一起去吧！"

舜帝说："啊！四方诸侯的君长，有谁能主持我们祭祀天神、地祇、人鬼的三礼呢？"

都说："伯夷！"

舜帝说："好啊！伯夷，你做掌管祭祀的礼官吧。要早晚恭敬行事，又要正直、清明。"伯夷跪拜叩头，让给夔和龙。

舜帝说："好啦，去吧！要谨慎啊！"

舜帝说："夔！任命你主持乐官，教导年轻人，使他们正直而温和，宽大而坚栗，刚毅而不粗暴，简约而不傲慢。诗是表达思想感情的，歌是唱出来的语言，五声是根据所唱而制定的，六律是和谐五声的。八类乐器的声音能够调和，不使它们乱了次序，那么神和人都会因此而和谐了。"

夔说："啊！我愿意敲击着石磬，使扮演各种兽类的依着音乐舞蹈起来。"

舜帝说："龙！我厌恶谗毁的言论和贪残的行为，会使我的民众震惊。我任命你做纳言的官，早晚传达我的命令，转告下面的意见，应当真实！"

舜帝说："啊！你们二十二人，要谨慎啊！要好好领导天下大事啊！"

舜为天子后，第一件事就是选贤与能，将二十二名贤者根据各自的德性和才能任命为不同的官员。百官各负其责，而作为天子的舜就垂裳而治，出现了孔子向往的大同之世。

【原文】

子墨子言曰：今者王公大人为政于国家者，皆欲国家之富，人民之众，刑政之治。然而不得富而得贫，不得众而得寡，不得治而得乱，则是本失其所欲，得其所恶。是其故何也？

子墨子言曰：是在王公大人为政于国家者，不能以尚贤事能为政也。是故国有贤良之士众，则国家之治厚；贤良之士寡，则国家之治薄。故大人之务，将在于众贤而已。（《墨子·尚贤上》）

【释义】

墨子说：现在王公大人治理国家，都希望国家富强，人民众多，刑政治理，然而结果却国家不得富强而得贫困，人口不得众多而得减少，刑政不得治理而得混乱，完全失去所希望的，而得到所厌恶的，这是什么原因呢？

墨子说：这是因为王公大人治理国家不能做到尊贤使能。在一个国家中，如果贤良之士多，那么国家的治绩就大；如果贤良之士少，那么国家的治绩就小。所以王公大人的急务，将是如何使贤人增多。

【原文】

故用人之知去其诈，用人之勇去其怒，用人之仁去其贪。(《礼记·礼运》)

【释义】

用人时，对于有智的人要谨防其诈伪，对于有勇的人要避免其感情冲动，对于有仁的人要警惕其贪婪。

【原文】

尊贤使能，俊杰在位，则天下之士皆悦而愿立于其朝矣。(《孟子·公孙丑上》)

【释义】

尊重贤者，重用有能者，则天下有才之人都喜欢在朝廷为官。

【原文】

今人主有六患：使贤者为之，则与不肖者规之；使知者虑之，则与愚者论之；使修士行之，则与污邪之人疑之。(《荀子·君道》)

【释义】

现在君主有许多大毛病：让贤能的人去做事，却和不贤的人去牵制他；让明智的人去考虑问题，却和愚蠢的人去评判他；让品德美好的人去干事，却用肮脏邪恶的人去质疑他。

【原文】

夫物者有所宜，材者有所施，各处其宜，故上下无为。使鸡司夜，令狸执鼠，皆用其能，上乃无事。上有所长，事乃不方。矜而好能，下之所欺。辩惠好生，下因其材。上下易用，国故不治。（《韩非子·扬权》）

【释义】

事物有各自不同的用处，才有施展的地方，各得其所，所以上下互不干涉而国家治理。让公鸡掌夜报晓，让猫来捕捉老鼠，如果都像这样各展其才，君主就能够无为而治了。君主显示自己的特长，政事就不能办成；君主喜欢自夸逞能，正是臣下进行欺骗的凭借；君主喜欢惹是生非，卖弄口才和智力，正是臣下加以利用的依托。君臣职能颠倒着使用，国家因此得不到治理。

【原文】

天子居广厦之下，帷帐之内，茵茵之上，被躧舄，视不出闉，荞然而知天下者，以其贤左右也。故独视不若与众视之明也，独听不若与众听之聪也，独虑不若与众虑之功也。故明王使贤臣，辐凑并进，所以通中正而致隐居之士。(《韩诗外传》卷五)

【释义】

天子居住在王宫里，足不出户，眼光不过城郭，但能够了解天下事，因为有贤能的大臣。一个人的眼睛不如众人的眼睛明亮，一个人的耳朵没有众人的耳朵灵敏，一个人的想法不如众人的想法周到。所以圣明的君王任用贤能的大臣共同治理天下，就能够天下大治。

《韩诗外传》，西汉韩婴所作，由360条逸事、道德说教、伦理规范以及实际忠告等不同内容汇集而成的作品。一般每条都以一句恰当的《诗经》引文作结论，以支持政事或论辩中的观点。就其书与《诗经》联系的程度而论，它对《诗经》既不是注释，也不是阐发，实际是运用《诗经》的示范性著作。

【原文】

天下之治，由得贤也；天下不治，由失贤也。
(《河南程氏文集·上仁宗皇帝书》)

【释义】

天下大治，是因为得到贤能之人；天下混乱，是
因为失去了贤能之士。

《河南程氏文集》是北宋思想家程颢和程颐兄弟
二人的著作辑录。程颢字伯淳，又称明道先生。程颐
字正叔，又称伊川先生，曾任国子监教授和崇政殿说
书等职。二人都曾就学于周敦颐，并同为宋明理学的
奠基者，世称"二程"。

【现代意义】

社会管理是一项复杂的工程，不管领导人如何伟
大卓越，都不可能独自完成这项任务，而需要选拔一
批人来协作完成。因此，选择优秀的人才进入管理
层，是领导人的基本职责，也是最重要的能力。

古人在为理想社会而奋斗的过程中，对如何选拔

优秀人才提出了"知人善任"的主张。知人善任包括"知人"和"善任"两个方面。所谓知人就是要识别人，指的是对人的德性、性格、才能等方面的了解和判断，其中德性和能力是基本方面，而德性最为重要；所谓善任就是要用好人，指的是对根据人的内在条件和外在的工作性质，让合适的人担任合适的工作，发挥他的长处，使工作效率最高，效益最大。知人与善任相互联系、相辅相成。知人，是善任的前提和条件，不知人就难以善任，知人正是为了善任；善任，是知人的目的和结果，知人而不善任，知人就失去意义。知人不一定能做到善任，但善任必须首先知人。知人要准确，用人要信任。知人出现偏差，用人却又掣肘，都不会出现预期的结果。

知人善任关乎事业的兴衰成败，这在历史上不断地被反复证明。舜为天子，第一件事就是知人善任，开创了传说中的大同之世；卫灵公昏聩不堪，但能知人善任，国祚尚存；齐王建不能知人善任，国灭身亡。知人善任首先可以弥补领导人自身的不足。任何人都有不足，领导人也不例外，但是可以通过合适的人才来弥补。如治水，舜不如禹，种植农作物不如弃，执法不如皋陶，但是通过任用他们，可以更好地完成这些任务。知人善任还有导向作用。用以贤者，则贤者云集，如魏文侯敬重段干木，则子夏、田子方、李悝、翟璜、乐羊、吴起都来投奔；反之，如果用一奸人，则奸人成群，如管仲去世后，齐桓公重用竖貂、易牙、开方等佞臣，最后被困死在行宫，齐国也内乱不断，一代霸业就此终结。

从现实看，能否知人善任，事关党风，事关社会风气，事关人心，事关党的执政地位。2013年6月28日，习近平总书记在全国组织工作会议上强调："用一贤人则群贤毕至，见贤思齐就蔚然成风。选什么人就是风向标，就有什么样的干部作风，乃至就有什么样的党风。各级党委及组织部门要坚持党管干部原则，坚持正确用人导向，坚持德才兼备、以德为先，努力做到选贤任能、用当其时，知人善任、人尽其才，把好干部及时发现出来、合理使用起来。"这些论述深得中国传统"知人善任"思想的真谛，又增加了时代特色，是选拔人才的重要指导思想。

第二节　听其言而观其行

【原文】

始吾于人也，听其言而信其行；今吾于人也，听其言而观其行。(《论语·公冶长》)

【释义】

起初我对于人，是听了他说的话便相信了他的行为；现在我对于人，听了他讲的话还要观察他的行为。

孔子也犯过"以言取人"和"以貌取人"的错误。孔子有一名弟子叫宰予，口才很好，能说会道。开始孔子对他印象不错，但后来发现他学习不够努力，有一次白天睡觉，孔子责骂他为"朽木不可雕也"。孔子的另一个弟子，叫澹台灭明，字子羽，相貌很丑陋，孔子觉得他不会成才。但澹台灭明从师孔子后，回去就致力于修身实践，处事光明正大，不走邪路；不是为了公事，从不去会见公卿大夫。后来，子羽游历到长江，跟随他的弟子有三百人，声誉很高，各诸侯国都传诵他的名字。孔子听说了这件事，感慨地说："我只凭言辞判断，结果对宰予就错了；我只凭相貌判断，结果对子羽也错了。"

【原文】

子曰："视其所以，观其所由，察其所安，人焉廋哉？人焉廋哉？"（《论语·为政》）

【释义】

孔子说："要了解一个人，考察他所结交的朋友，观察他为达到目的所采用的方法，了解他的心情，安于什么，不安于什么。这样，这个人怎能隐藏得了呢？这个人怎能隐藏得了呢？"

【原文】

子曰："巧言，令色，足恭，左丘明耻之，丘亦耻之。匿怨而友其人，左丘明耻之，丘亦耻之。"（《论语·公冶长》）

【释义】

孔子说："花言巧语，脸色谄媚，点头哈腰，左丘明认为这种人可耻，我也认为可耻。把怨恨装在心里，表面上却装出友好的样子，左丘明认为这种人可耻，我也认为可耻。"

诚实、正直是仁爱的重要方面，是为政者的基本德行之一，所以孔子对于巧言令色、言过其实非常反感，认为"巧言令色鲜矣仁"，而"刚毅木讷近仁"。

【原文】

君子不以言举人，不以人废言。（《论语·卫灵公》）

【释义】

君子不因为言语漂亮而举荐人，也不因为人的地位、才智等因素而否定他的言论。

【原文】

然则明辨此之说，将奈何哉？子墨子言曰：言必立仪，言而毋仪，譬犹运钧之上，而立朝夕者也，是非利害之辨，不可得而明知也。故言必有三表。何谓三表？子墨子言曰：有本之者，有原之者，有用之者。于何本之？上本之于古者圣王之事；于何原之？

下原察百姓耳目之实；于何用之？废以为刑政，观其中国家百姓人民之利。此所谓言有三表也。(《墨子·非命上》)

【释义】

然而如何辨明别人的说的话呢？墨子说道："必须订立标准。"说话没有标准，好比在旋转的陶轮上、变化的测时仪上，就不可能分清是非利害了。所以言论有三条标准，哪三条呢？墨子说："有本原的，有推究的，有实践的。"如何考察本原？向上要符合古时圣王的事迹。如何推究呢？向下要考察百姓的日常事实。如何实践呢？把它用作刑法政令，从中看看国家人民的利益。这就是言论有三条标准的说法。

【原文】

孟子曰："存乎人者，莫良于眸子。眸子不能掩其恶。胸中正则眸子瞭焉，胸中不正则眸子眊焉。听其言也，观其眸子，人焉廋哉？"(《孟子·离娄上》)

【释义】

孟子说："观察一个人，再没有比观察他的眼睛更好的方面了。眼睛不能掩盖一个人的丑恶。心中光明正大，眼睛就明亮；心中不光明正大，眼睛就昏暗不明，躲躲闪闪。所以，听一个人说话的时候，注意观察他的眼睛，他的善恶真伪能往哪里隐藏呢?"

"眼睛是心灵的窗户。"所以，察言观色，重点是观察他的眼睛。判断一个人言论是否真诚，只要看着他的眼睛，就能作出大致的判断。

【原文】

故校之以礼，而观其能安敬也；与之举错迁移，而观其能应变也；与之安燕，而观其能无流慆也；接之以声色、权利、忿怒、患险，而观其能无离守也。彼诚有之者与诚无之者，若白黑然，可诎邪哉!(《荀子·君道》)

【释义】

所以用礼制来考核他，看他是否能安泰恭敬；给他上下调动来回迁移，看他是否能应付各种变化；让他安逸舒适，看他是否能不放荡地享乐；让他接触音乐美色、权势财富、怨恨愤怒、祸患艰险，看他是否能不背离节操。这样，那些真正有德才的人与的确没德才的人就像白与黑一样判然分明，还能进行歪曲吗？

【原文】

何谓求诸人？人同类而智殊，贤不肖异，皆巧言辩辞以自防御，此不肖主之所以乱也。凡论人，通则观其所礼，贵则观其所进，富则观其所养，听则观其所行，止则观其所好，习则观其所言，穷则观其所不受，贱则观其所不为。喜之以验其守，乐之以验其僻，怒之以验其节，惧之以验其特，哀之以验其人，苦之以验其志。八观六验，此贤主之所以论人也。论人者，又必以六戚四隐。何谓六戚？父、母、兄、弟、妻、子。何为四隐？交友、故旧、邑里、门郭。内则用六戚四隐，外则用八观六验，人之情伪、贪鄙、美恶无所失矣。譬之若逃雨，污无之而非是。此圣王之所以知人也。（《吕氏春秋·季春纪·论人》）

【释义】

什么叫向别人寻求？人同类而智慧不同，贤与不肖相异。但人们都用花言巧语来伪装自己，这是昏君惑乱的缘故。一般这样衡量、判断一个人：如果他显达，就观察他礼遇的都是什么人；如果他尊贵，就观察他举荐的都是什么人；如果他富有，就观察能赡养的都是什么人；如果他听言，就观察他采纳的都是什么；如果他闲居在家，就观察他喜好的都是什么；如果他学习，就观察他说的都是什么；如果他困窘，就观察他不接受的都是什么；如果他贫贱，就观察他不做的都是什么。使他高兴，借以检验他的节操；使他快乐，借以检验他的邪念；使他发怒，借以检验他的气度；使他恐惧，借以检验他卓异的品行；使他悲哀，借以检验他的仁爱之心；使他困苦，借以检验他的意志。以上八种观察和六项检验，就是贤明的君主用以衡量、判断一个人的方法。衡量、判断别人又一定用六戚、四隐。什么叫六戚？即父、母、兄、弟、妻、子六种亲属。什么叫四隐？即朋友、熟人、乡邻、下人。在内观察六戚、四隐，在外是八观、六验，这样一个人的真伪、贪鄙、美恶就能完全知晓，没有遗漏。就像雨天避雨一样，到处都是雨水，无处躲藏。这就是先代圣王用以识别人的方法。

【原文】

省其居处，观其义方；省其丧哀，观其贞良；省其出入，观其交友；省其交友，观其任廉。考之以观其信，挈之以观其知，示之难以观其勇，烦之以观其治，淹之以利以观其不贪，蓝之以乐以观其不宁，喜之以物以观其不轻，怒之以观其重，醉之以观其不失也，纵之以观其常，远使之以观其不贰，迩之以观其不倦，探取其志以观其情，考其阴阳以观其诚，覆其微言以观其信，曲省其行以观其备成，此之谓观诚也。(《大戴礼记·文王官人》)

【释义】

去他的住所，观察他有没有家教；当他参加葬礼时，观察他是不是忠正诚信；看他经常出入的场所，观察他结交的什么样的朋友；观察他结交的朋友，看他是不是为官清廉。和他谈话来观察他的口才，让他处理事情看他是不是有智慧，将他置于困难面前看他是不是有勇气，在琐碎面前看他是不是有耐心，给他好处看他是不是有贪心，在欢娱之中看他是不是放纵，在他喜欢的东西面前看他是不是轻佻，在他发怒是看他能不能够克制，醉酒时看他会不会失态，不受约束时看他的行为是不是正常，出使远方看他有没有二心，亲密接触看他会不会厌倦，考察志向来判定他的兴趣，观察动静看他是否诚实，从小事上看他是否守信，还要间接地了解他的行为以防有所遗漏。这就是所谓的"观诚"。

【原文】

凡人之质量，中和最贵矣。中和之质必平淡无味，故能调成五材，变化应节。是故观人察质，必先察其平淡而后求其聪明。聪明者阴阳之精，阴阳清和则中睿外明。圣人淳耀，能兼二美，知微知章，自非圣人莫能两遂。（《人物志·九征》）

【释义】

人物的材质与气度以中和最为珍贵。中和作为材质，必然平淡无味，才能调理、成就五种人才（金木水火土五种类型），因应变化，进退有节。所以观察人物而探求其材质，必先审视其平淡的素质，然后再考虑其聪明的程度。聪明，是阴阳的精华，阴阳清醇平和，就会内心睿智而外在明朗。圣人广大盛明，既能洞察玄微之妙，又能知晓显著彰明，如果不是圣人，则不能两者兼得。

《人物志》是中国一部辨析、评论人物的专著，约成书于曹魏明帝统治时期（227—239 年）。它是一部系统品鉴人物才性的纵横家著作，也是一部研究魏晋学术思想的重要参考书。全书共三卷十八篇，三国魏刘劭所作，南北朝时西凉刘炳曾为之作注。书中讲述的是识鉴人才之术、量能用人之方及对人性的剖析。

【现代意义】

在人才选拔过程中，知人是前提，但也是一个十分不容易的过程。一方面人具有复杂多变的主观世界，外人很难直接把握，只能通过言行了解。但人又会伪装自己，有时一个人的外在特点和内心活动并非一回事，特别是少数狡猾奸诈的人，更是善于伪装。另一方面一个人的本性、能力等特征，一般在平时虽然也能够表现出来，但很难充分表现，有的在关键时刻、非常条件下才得以显露。还有，一个人在其一生中总是不断变化的，甚至有时会判若两人。另外，认识人还受诸多条件的限制，诸如自己的性格、阅历、兴趣、判断能力等，从而无法对人有一个十分准确的判断，难以达到对人完全准确的认识。

中国传统文化在知人方面所倡导的"听言观行"的方法，是选拔人才的切实可行的方法，有着重要的意义，可以为现代选拔官员所利用和借鉴。听其言，不仅是听当事人的言论，还要听家属、朋友、上级、下属等相关人员的言论；观其行，不仅要观察当事人的日常行为，还要将其置入特定的环境中，观察他的反应。全国组织工作会议对干部考察曾提到"四观四看"的方法，即"观察干部对重大问题的思考，看其见识见解；观察干部对群众的感情，看其品质情怀；观察干部对待名利的态度，看其境界格局；观察干部处理复杂问题的过程和结果，看其能力水平。"这些观察要点及其分析指向很好地借鉴了古代先贤听言观行的思想，又赋予了新的时代内容。

听言观行的人才考察方法属于方向性指引，具有永恒的思想价值，但这种方法在实际运用中又有着极大的发挥空间，可以根据实际情况加以具体部署和实施，争取选出德才兼备的人才。

第三节　百姓皆曰贤则贤

【原文】

子贡问曰："乡人皆好之，何如？"

子曰："未可也。"

"乡人皆恶之，何如？"

子曰："未可也。不如乡人之善者好之，其不善者恶之。"（《论语·子路》）

【释义】

子贡问孔子说："全乡人都喜欢、赞扬他，这个人怎么样？"

孔子说："这还不能肯定。"

子贡又问孔子说："全乡人都厌恶、憎恨他，这个人怎么样？"

孔子说："这也是不能肯定的。最好的人是全乡的好人都喜欢他，全乡的坏人都厌恶他。"

对于一个人的正确评价，其实并不容易。但在这里孔子把握住了一个原则，即不以众人的好恶为依据，而应以善恶为标准。听取众人的意见是应当的，也是判断一个人优劣的依据之一，但决不是唯一的依据。他的这个思想对于我们今天识别人之优劣有重要意义。

【原文】

子曰："众恶之，必察焉；众好之，必察焉。"（《论语·卫灵公》）

【释义】

孔子说："大家都厌恶他，我必须考察一下；大家都喜欢他，我也一定要考察一下。"

孔子不会人云亦云，随波逐流，不以众人之是非标准决定自己的是非判断，而要经过自己大脑的独立思考，经过自己理性的判断，然后再作出结论。

【原文】

万章曰："尧以天下与舜，有诸？"

孟子曰："否。天子不能以天下与人。"

"然则舜有天下也，孰与之？"

曰："天与之。"

"天与之者，谆谆然命之乎?"

曰："否。天不言，以行与事示之而已矣。"

曰："以行与事示之者，如之何?"

曰："天子能荐人于天，不能使天与之天下。诸侯能荐人于天子，不能使天子与之诸侯。大夫能荐人于诸侯，不能使诸侯与之大夫。昔者，尧荐舜于天而天受之，暴之于民而民受之。故曰：天不言，以行与事示之而已矣。"

曰："敢问荐之于天而天受之，暴之于民而民受之，如何?"

曰："使之主祭，而百神享之，是天受之；使之主事而事治，百姓安之，是民受之也。天与之，人与之，故曰天子不能以天下与人。舜相尧二十有八载，非人之所能为也，天也。尧崩，三年之丧毕，舜避尧之子于南河之南，天下诸侯朝觐者，不之尧之子而之舜；讼狱者，不之尧之子而之舜；讴歌者，不讴歌尧之子而讴歌舜，故曰天也。夫然后之中国，践天子位焉。而居尧之宫，逼尧之子，是篡也，非天与也。《太誓》曰：'天视自我民视，天听自我民听。'此之谓也。"（《孟子·万章上》）

【释义】

万章问："尧拿天下授予舜，有这回事吗？"

孟子说："不，天子不能够拿天下授予人。"

万章问："那么舜得到天下，是谁授予他的呢？"

孟子回答说："天授予的。"

万章问："天授予他时，反复叮咛告诫他吗？"

孟子说："不，天不说话，拿行动和事情来表示罢了。"

万章问："拿行动和事情来表示，是怎样的呢？"

孟子回答说："天子能够向天推荐人，但不能强迫天把天下授予人；诸侯能够向天子推荐人，但不能强迫天子把诸侯之位授予这人；大夫能够向诸侯推荐人，但不能强迫诸侯把大夫之位授予人。从前，尧向天推荐了舜，天接受了；又把舜公开介绍给老百姓，老百姓也接受了。所以说，天不说话，拿行动和事情来表示罢了。"

万章说："请问推荐给天，天接受了；公开介绍给老百姓，老百姓也接受了是怎么回事呢？"

孟子说："叫他主持祭祀，所有神明都来享用，这是天接受了；叫他主持政事，政事治理得很好，老百姓很满意，这就是老百姓也接受了。天授予他，老百姓授予他，所以说，天子不能够拿天下授予人。舜辅佐尧治理天下二十八年，这不是凭一个人的意志够做得到的，而是天意。尧去世后，舜为他服丧三年，然后便避居于南河的南边去，为的是要让尧的儿子继承天下。可是，天下诸侯朝见天子的，都不到尧的儿子那里去，却到舜那里去；打官司的，都不到尧的儿子那里去，却到舜那里去；歌颂的人，也不歌颂尧的儿子，却歌颂舜。所以你这是天意。这样，舜才回到帝都，登上了天子之位。如果先前舜就占据尧的宫室，逼迫尧的儿子让位，那就是篡夺，而不是天授予他的了。《尚书·太誓》篇说过：'上天所见来自我们老百姓的所见，上天所听来自我们老百姓的所听。'说的正是这个意思。"

在尧、舜、禹三代时，孔子追慕的大同之世实行的是禅让制，即这一代的君权是由上一代的天子授予的。可孟子认为天子个人并没有权力把天下拿来授予谁，而只有上天才有这个权力。而天意通过民意表达出来，也就是说最终是由百姓选择天子。孟子的天子天选有"君权神授"的神秘色彩，而民意决定天意又有理想主义的民本论的色彩。他的民本论思想在中国古代思想家中是最为突出和鲜明的。

【原文】

孟子见齐宣王，曰："所谓故国者，非谓有乔木之谓也，有世臣之谓也。王无亲臣矣，昔者所进，今日不知其亡也。"

王曰："吾何以识其不才而舍之？"

曰："国君进贤，如不得已，将使卑逾尊，疏逾戚，可不慎与？左右皆曰贤，未可也；诸大夫皆曰贤，未可也；国人皆曰贤，然后察之。见贤焉，然后用之。左右皆曰不可，勿听；诸大夫皆曰不可，勿听；国人皆曰不可，然后察之。见不可焉，然后去之。左右皆曰可杀，勿听；诸大夫皆曰可杀，勿听；国人皆曰可杀，然后察之。见可杀焉，然后杀之。故曰国人杀之也。如此，然后可以为民父母。"（《孟子·梁惠王下》）

【释义】

孟子拜见齐宣王，说："我们平时所说历史悠久的国家，并不是指那个国家有高大的树木，而是指有世代建立功勋的大臣。可大王您现在却没有亲信的大臣了，过去所任用的一些人，现在也不知到哪里去了。"

齐宣王说:"我应该怎样去识别那些真正缺乏才能的人而不用他呢?"

孟子回答说:"国君选择贤才,在不得已的时候,甚至会把原本地位低的提拔到地位高的人之上,把原本关系疏远的提拔到关系亲近的人之上,这能够不谨慎吗?因此,左右亲信都说某人好,不可轻信;众位大夫都说某人好,还是不可轻信;全国的人都说某人好,然后去考察他,发现他是真正的贤才,再任用他。左右亲信都说某人不好,不可轻信;众位大夫都说某人不好,还是不可轻信;全国的人都说某人不好,然后去考察他,发现他真不好,再罢免他。左右亲信都说某人该杀,不可轻信;众位大夫都说某人该杀,还是不可轻信;全国的人都说某人该杀,然后去考察他,发现他真该杀,再杀掉他。所以说,是全国人杀的他。这样做,才可以做老百姓的父母官。"

【原文】

天之生民,非为君也。天之立君,以为民也。故古者列地建国,非以贵诸侯而已;列官职,差爵禄,非以尊大夫而已。(《荀子·大略》)

【释义】

上天生出百姓，并不是为了君主；相反，上天设立君主，却是为了百姓。所以古代封地建国，并不是为了尊贵诸侯，而是为了百姓；选拔官吏，给予爵位俸禄，也不是为了提高官吏的地位，还是为了百姓。

【原文】

听以爵不以众言参验，用一人为门户者，可亡也。(《韩非子·亡征》)

【释义】

如果仅仅听取官吏的意见而不参考大家的意见，以一个人的意见为凭据，国家可能要灭亡了。

【原文】

故夫民者虽愚也，明上选吏焉，必使民与焉。故士民誉之，则明上察之，见归而举之。故士民苦之，明上察之，见非而去之。故王者取吏不妄，必使民唱，然后和之。(《新书·大政下》)

【释义】

所以对人们来说，虽然人民不聪明，但是对选举贤人上却不会出错。君王选拔官吏，必须让民众推荐。所以选拔民众称赞的人，君王对其考察，符合事实则选拔为官吏。对于民众不满的官吏，君王也对其考察，如果确实不称职，将其罢免。因此君王选拔官吏，不能依靠自己的意志，而是要听取百姓的声音，然后作出决定。

《新书》又称《贾子》，是西汉贾谊的政论文集，集中反映了贾谊的政治经济思想，开篇即为著名的《过秦论》。贾谊的政论散文逻辑严密，感情充沛，气势非凡，体现了汉初知识分子在汉帝国大一统创始期之积极进取，力图建功伟业的豪情壮志，代表汉初政论散文的最高成就。

【原文】

夫民至卑也，使之取吏焉，必取其爱焉。故十人爱之有归，则十人之吏也；百人爱之有归，则百人之吏也；千人爱之有归，则千人之吏也；万人爱之有归，则万人之吏也。故万人之吏，选卿相焉。（《新书·大政下》）

【释义】

对民众来说，地位非常低下，让他们来选拔官吏，必然会选拔他们喜好的人。所以有十个人喜欢，就让他做十个人的官吏；有一百个人喜欢，就让他做一百个人的官吏；有一千个人喜欢，就让他做一千个人的官吏；有一万个人喜欢，就让他做一万个人的官吏。所以万人的官吏，就可以选为公卿丞相了。

【现代意义】

在古人的设想中，设置官吏的目的是为了把社会管理好，实现理想社会的奋斗目标，从而使百姓在这样的社会中生活得更好，而不是为了官吏自己更好地生活。因此，选拔官吏必须重视民众的意愿。此外，官吏直接和民众打交道，民众对于官吏的德性和才能都非常了解，对官吏的评价也更加符合实际情况。这一点，中国历史上无论是政治家还是学者都认识得很清楚，所以他们都强调要重视民意，强调百姓皆曰贤则贤，将民意作为立官的重要依据。

但是，在专制政体下，官吏拥有权力，处于强势地位，人民只是被统治的对象，且没有约束他们的机制；民意表达并不通畅，也没有具体有效的制度来保障民意。所以在实际运作中，官贵民贱才是常态，官员的提拔升迁听命于上级，民意也常常被忽视。这种理想与现实相分离的情况导致了严重的后果：一方面许多被提拔的官员要么昏庸无能，要么贪赃枉法、营私舞弊，导致他们治下的民众怨声载道，民不聊生；另一方面，由于民意无法上达，或遭到忽视，弊端无法矫正，从而使问题越来越严重。从封建专制社会的历史过程看，民意短时间可以无视，甚至压制，但不能长时间的无视或压制，否则就会官逼民反，导致整个王朝覆亡。历史上的王朝更替就是生动的例子。

司马迁曾说："县集而郡，郡集而天下。郡县治，天下无不治。"可见，基层政权建设对国家的长治久安至关重要。而建设好基层政权，尤其需要选拔出好的基层干部，因为他们与民众接触最多，听取民众对他们的评价也最有参考意义。所以，百姓皆曰贤则贤的思想，在基层干部选拔中具有特别重要的意义。

发展社会主义民主政治，选拔好干部也是非常重要的工作。要继续深化和完善干部选拔机制，将群众的评价作为干部选拔和考核的重要依据。要落实群众对干部的监督权，畅通群众反映意见的渠道，让那些不合格的干部及早离开领导岗位。

第四节　内举不避亲　外举不避仇

【原文】

子路曰："桓公杀公子纠，召忽死之，管仲不死。"曰："未仁乎？"

子曰："桓公九合诸侯，不以兵车，管仲之力也。如其仁，如其仁。"

子贡曰："管仲非仁者与？桓公杀公子纠，不能死，又相之。"

子曰："管仲相桓公，霸诸侯，一匡天下，民到于今受其赐。微管仲，吾其被发左衽矣。岂若匹夫匹妇之为谅也，自经于沟渎而莫之知也。"（《论语·宪问》）

【释义】

子路说："齐桓公杀了公子纠，召忽自杀以殉，但管仲却没有自杀。管仲不能算是仁人吧？"

孔子说："齐桓公多次召集各诸侯国的盟会，不用武力，都是管仲的力量啊。这就是他的仁德，这就是他的仁德。"

　　子贡问："管仲不能算是仁人了吧？桓公杀了公子纠，他不能为公子纠殉死，反而做了齐桓公的宰相。"

　　孔子说："管仲辅佐桓公，称霸诸侯，匡正了天下，老百姓到了今天还享受到他的好处。如果没有管仲，恐怕我们也是披散着头发，衣襟向左开的野蛮人。哪能像普通百姓那样恪守小节，自杀在小山沟里，而谁也不知道呀。"

　　齐襄公残暴无德，政令无常，滥杀无辜，他的弟弟们为了避祸，纷纷逃亡国外。公元前 686 年，齐襄公的堂弟公孙无知弑杀齐襄公自立。次年，公孙无知被杀，流亡在外的齐国诸公子又纷纷设法赶回齐国继承君位，其中公子小白和公子纠希望最大。公子纠流亡到鲁国，由管仲的至交鲍叔辅佐，公子小白流亡到莒国，由管仲和召忽辅佐。公子纠得到鲁国的支持，公子小白得到国内公室的支持，双方日夜兼程赶往齐国。管仲带兵狙击小白，射中小白的带钩，小白装死骗过管仲，先到齐国继承了君位，这就是齐桓公。齐桓公即位后，出兵击败鲁国，迫使鲁国杀死公子纠，召忽自杀殉主。齐桓公欲杀管仲，鲍叔却极力推荐管仲为相，齐桓公接受了鲍叔的建议，在管仲的辅佐下称霸天下。

【原文】

故当是时，以德就列，以官服事，以劳殿赏，量功而分禄。故官无常贵，而民无终贱。有能则举之，无能则下之。举公义，辟私怨，此若言之谓也。(《墨子·尚贤上》)

【释义】

所以在古代圣王执政时，根据德行任官，根据官职授权，根据功劳定赏。衡量各人功劳而分予禄位，所以做官的不会永远富贵，而民众不会永远贫贱。有能力的就举用他，没有能力的就罢黜他。举公义，避私怨，说的即这个意思。

【原文】

儒有内称不辟亲，外举不辟怨。程功积事，推贤而进达之，不望其报。君得其志，苟利国家，不求富贵。其举贤援能有如此者。(《礼记·儒行》)

【释义】

儒者向朝廷推举贤能时，只考虑被推举者有无真才实学，而不管他是否是自己的亲属，还是自己的仇人。在充分考虑到被推举者的业绩和才能以后，才向朝廷举荐并使之得到任用，但这并不是为了得到对方的回报。只要国君能因此而得遂其志，只要能为国家造福，自己并不希望得到什么赏赐。儒者的推举贤能有如此者。

【原文】

孟子去齐，充虞路问曰："夫子若有不豫色然。前日虞闻诸夫子曰：'君子不怨天，不尤人。'"

曰："彼一时，此一时也。五百年必有王者兴，其间必有名世者。由周而来，七百有余岁矣。以其数，则过矣；以其时考之，则可矣。夫天未欲平治天下也，如欲平治天下，当今之世，舍我其谁也？吾何为不豫哉？"（《孟子·公孙丑下》）

【释义】

孟子离开齐国，充虞在路上问道："老师似乎有不快乐的样子。可是以前我曾听老师您讲过：'君子不抱怨上天，不责怪别人’。"

孟子说："那是一个时候，现在又是一个时候。从历史上来看，每五百年就会有一位圣贤君主兴起，其中必定还有名望很高的辅佐者。从周武王以来，到现在已经七百多年了。从年数来看，已经超过了五百年；从时势来考察，也正应该是时候了。大概老天不想使天下太平了吧，如果想使天下太平，在当今这个世界上，除了我还有谁呢？我为什么不快乐呢？"

毛遂自荐需要的是信心、勇气和才华，而孟子的这种自荐还需要胸怀天下的志向，孟子、孔子都游历他国举荐自己，想要施展自己治理天下的雄心和才华，可惜不得明主，英雄无用武之地。

【原文】

人主欲得善射，射远中微者，县贵爵重赏以招致之，内不可以阿子弟，外不可以隐远人，能中是者取之，是岂不必得之之道也哉！虽圣人不能易也。欲得善驭速致远者，一日而千里，县贵爵重赏以招致之，内不可以阿子弟，外不可以隐远人，能致是者取之，是岂不必得之之道也哉！虽圣人不能易也。（《荀子·君道》）

【释义】

君主想要得到善于射箭的人——既射得很远而又能命中微小目标的人，就拿出高贵的爵位、丰厚的奖赏来招引他们。对内不准偏袒自己的子弟，对外不准埋没关系疏远的人，能够射中这种目标的人就录取他，这难道不就是一定能求得善射者的办法吗？即使是圣人也不能改变它。君主想要得到善于驾驭车马的人——既追得上快速奔驰的车子又能到达远方的目的地的人，一天能跑千里，就拿出高贵的爵位、丰厚的奖赏来招引他们。对内不准偏袒自己的子弟，对外不准埋没关系疏远的人，能到达这种目的地的人就录取他，这难道不就是一定能求得善于驾车者的办法吗？即使是圣人也不能改变它。

【原文】

晋平公问于祁黄羊曰："南阳无令，其谁可而为之？"

祁黄羊对曰："解狐可。"

平公曰："解狐非子之雠邪？"

对曰："君问可，非问臣之雠也。"

平公曰："善。"遂用之。国人称善焉。

居有间，平公又问祁黄羊曰："国无尉，其谁可而为之？"

对曰："午可。"

平公曰："午非子之子邪？"

对曰："君问可，非问臣之子也。"

平公曰："善。"又遂用之。国人称善焉。

孔子闻之曰："善哉！祁黄羊之论也，外举不避雠，内举不避子。"祁黄羊可谓公矣。(《吕氏春秋·孟春纪·去私》)

【释义】

晋平公问祁黄羊说："南阳缺个县令，谁可以担任这个职务？"

祁黄羊回答说："解狐可以。"

平公说："解狐不是你的仇人吗？"

祁黄羊回答说："您问谁可以担任这个职务，不是问谁是我的仇人。"

平公称赞说："好！"就任用了解狐。国人对此都说好。

过了一段时间，平公又对祁黄羊说："国家缺个军尉，谁可以担任这个职务？"

祁黄羊回答说："祁午可以。"

平公说："祁午不是你的儿子吗?"

回答说；"您问谁可以担任这个职务，不是问谁是我的儿子。"

平公称赞说；"好!"就又任用了祁午。国人对此又都说好。

孔子听说了这件事，说："祁黄羊的这些话太好了! 推举外人不回避仇敌，推举家人不回避儿子，祁黄羊可称得上公正无私了。"

【原文】

天植者，心也。天植正，则不私近亲，不孽疏远。不私近亲，不孽疏远，则无遗利，无隐治。无遗利，无隐治，则事无不举，物无遗者。欲见天心，明以风雨。故曰："风雨无违，远近高下，各得其嗣。"（《管子·版法解》）

【释义】

天植，就是心。心正，就不会偏厚于近亲，也不会加害于疏远。不偏厚于近亲，不加害于疏远，则国财没有流失，民间没有冤案。国无失财，民无冤案，则事业没有不兴办起来的，财物也没有被弃置了的。要想了解天心，需要在风雨的情况上判明。所以说："风雨无违，远近高下，各得其嗣。"

【原文】

王者之政，贤能不待次而举，不肖不待须臾而废，元恶不待教而诛，中庸不待政而化。分未定也，则有昭穆，虽公卿大夫之子孙也，行绝礼仪，则归之庶人，遂倾覆之民牧而试之。虽庶民之子孙也，积文学，正身行，能礼仪，则归之士大夫，反侧之民，牧而试之，须而待之，安则畜，不安则弃。(《韩诗外传》卷五)

【释义】

王道政治，就是对于有德才的人，不依级别次序而破格提拔；对于无德无能的人，不等片刻而立即罢免；对于元凶首恶，不需教育而马上杀掉；对于普通民众，不靠行政手段而进行教育感化。在名分还没有确定的时候，就应该像宗庙有昭穆的分别一样来排列臣民的等级次序。即使是帝王公侯士大夫的子孙，如果不能顺从礼义，就把他们归入平民。即使是平民的子孙，如果积累了古代文献经典方面的知识，端正了身心行为，能顺从礼义，就把他们归入卿相士大夫，给予最好的待遇，如果安心工作就留下来，如果不安心工作就开除他。

【现代意义】

古人在为社会管理选拔人才的实践过程中，逐渐形成了两个非常重要的考察角度，就是在人才选拔中领导者如何对待与自己亲近的人、如何对待与自己有过节甚至仇怨的人。不同的态度决定了能否把社会贤能人才选拔出来。

在古人看来，任人唯亲和任人不避亲表面相似，但原因和后果却迥然不同。从动机来看，任人唯亲为私，而任人不避亲为公。从结果来看，直接的后果是任人不避亲使公家的事业蒸蒸日上，而任人唯亲则使公家的利益受损，甚至出现团体解散、国家灭亡的严重后果。从间接影响上看，任人不避亲能够净化社会风气，鼓励人们进德修业，竞争有序，使行业或社会气氛和谐；相反，任人唯亲会导致结党营私，败坏风气，小人得势，贤人边缘化的现象，刺激人们投机钻营，竞争不择手段，故而人人自危，社会逐渐分崩离析。

任人不避仇，则需要领导人具有很强的政治责任和很大的政治勇气，而收到的效果也极为明显，如齐桓公任用管仲而称霸天下。但在专制制度下，此类事件毕竟实为罕见，难能可贵。

在现代社会，仍然要将"内举不避亲，外举不避仇"作为选拔任用人才的重要方式。但与传统社会有所不同，传统社会做到"内举不避亲，外举不避仇"主要靠领导人的政治品格和政治责任，一旦领导人政治责任感不强或政治品格不高，任人唯亲、嫉贤妒能就成为用人的重要方式，最终造成严重的后果。而在现代社会，不仅需要领导人的政治品格和政治责任，还要防范领导人政治责任不高或个人品德低下出现任人唯亲的局面。这就需要制度建设，用制度来规范人才选拔，使人才选拔摆脱个人恩怨和领导人喜好的干扰，防止出现"劣币驱逐良币"的现象。为此，要建立公开、公正、合理的人才选拔制度，用法律来保证制度的程序规范和结果公平，用科学的评价机制来防止人才的褪色和变质。

第五节　赏善惩恶　进贤退不肖

【原文】

问管仲。曰："人也。夺伯氏骈邑三百，饭疏食，没齿无怨言。"(《论语·宪问》)

【释义】

有人问孔子管仲是个什么样的人。孔子说："他是个有才干的人，他把伯氏骈邑的三百家夺走，使伯氏终生吃粗茶淡饭，直到老死也没有怨言。"

【原文】

是故古之圣王发宪出令，设以为赏罚以劝贤。是以入则孝慈于亲戚，出则弟长于乡里，坐处有度，出入有节，男女有辨。是故使治官府，则不盗窃；守城，则不崩叛；君有难则死，出亡则送。此上之所赏，而百姓之所誉也。执有命者之言曰：上之所赏，命固且赏，非贤故赏也；上之所罚，命固且罚，不暴故罚也。是故入则不慈孝于亲戚，出则不弟长于乡里，坐处不度，出入无节，男女无辨。是故治官府，则盗窃；守城，则崩叛；君有难则不死，出亡则不送。此上之所罚，百姓之所非毁也。执有命者言曰：上之所罚，命固且罚，不暴故罚也；上之所赏，命固且赏，非贤故赏也。以此为君则不义，为臣则不忠，为父则不慈，为子则不孝，为兄则不良，为弟则不弟。而强执此者，此特凶言之所自生，而暴人之道也。（《墨子·非命上》）

【释义】

所以古时候的圣王颁布宪法和律令，设立赏罚制度以鼓励贤人。因此贤人在家对双亲孝顺慈爱，在外能尊敬乡里的长辈。举止有节度，出入有规矩，能区别地对待男女。因此使他们治理官府，则没有盗窃，守城则没有叛乱。君有难则可以殉职，君逃亡则会护送。这些人都是上司所赞赏，百姓所称誉的。相信命运的人就会说："上司所赞赏，是命里本来就该赞赏，并不是因为贤良才赞赏的；上司所惩罚，是命里本来就该惩罚的，不是因为凶暴才惩罚的。"所以在家对双亲不孝顺慈爱，在外对乡里长辈不尊敬。举止没有节度，出入没有规矩，不能区别对待男女。所以治理官府则会盗窃，守城则会叛乱。君有难而不殉职，君逃亡则不会护送。这些人都是上司所惩罚，百姓所毁谤的。相信命运的人就会说："上司所惩罚是命里本来就该惩罚，不是因为他凶暴才惩罚的；上司所赞赏，是命里本来该赞赏，不是因为贤良才赞赏的。"以这些话来做国君则不义，做臣下则不忠，做父亲则不慈爱，做儿子则不孝顺，做兄长则不良，做弟弟则不悌。而顽固主张这种观点，则简直是坏话的根源，是凶暴人的道理。

【原文】

不仁而在高位，是播其恶于众也。(《孟子·离娄上》)

【释义】

没有道德的人做大官，那就是将他的恶行传播给众人。

【原文】

凡爵列、官职、赏庆、刑罚，皆报也，以类相从者也。一物失称，乱之端也。夫德不称位，能不称

官，赏不当功，罚不当罪，不祥莫大焉。昔者武王伐
有商，诛纣，断其首，县之赤旆。夫征暴诛悍，治之
盛也。杀人者死，伤人者刑，是百王之所同也，未
有知其所由来者也。刑称罪，则治；不称罪，则乱。
故治则刑重，乱则刑轻，犯治之罪固重，犯乱之罪
固轻也。书曰："刑罚世轻世重。"此之谓也。（《荀
子·正论》）

【释义】

凡是爵位、官职、奖赏、刑罚都是一种回报，与
行为的类别相对应的。一件事情赏罚失当，那就是祸
乱的开端。德行和地位不相称，能力和官职不相称，
奖赏和功劳不相当，刑罚和罪过不相当，不吉利的事
没有比这更大的了。从前周武王讨伐商王朝，惩罚商
纣王，砍下了他的头，把它挂在大红旗的飘带上。这
征伐暴君惩治元凶，是政治上的丰功伟绩。杀人的被
处死，伤人的被惩罚，这是历代帝王所相同的，没有
人知道它是从什么时代传下来的。刑罚和罪行相当，
社会才能治理好；刑罚和罪行不相当，社会就会混
乱。所以社会治理得好，刑罚就重；社会混乱，刑罚
才轻。因为在治理得好的时代犯的罪，本来就重；在

混乱的时代犯的罪，本来就轻。《尚书》上说："刑罚有的时代轻、有的时代重。"说的就是这种情况。

【原文】

王者之论：无德不贵，无能不官，无功不赏，无罪不罚，朝无幸位，民无幸生，尚贤使能而等位不遗，析愿禁悍而刑罚不过。百姓晓然皆知夫为善于家而取赏于朝也，为不善于幽而蒙刑于显也。夫是之谓定论。是王者之论也。（《荀子·王制》）

【释义】

奉行王道的君主对臣民的审察处理：没有德行的不让他显贵，没有才能的不让他当官，没有功劳的不给奖赏，没有罪过的不加处罚。朝廷上没有无德无功而侥幸获得官位的，百姓中没有游手好闲而侥幸获得生存的。崇尚贤德，任用才能，授予的等级地位各与德才相当而没有疏失；制裁狡诈，禁止凶暴，施加的刑罚各与罪行相当而不过分。老百姓都明明白白地知道：即使在家里行善修德，也能在朝廷上取得奖赏；即使在暗地里为非作歹，也会在光天化日之下受到惩处。这叫作确定不变的审处。这就是奉行王道的君主对臣民的审察处理。

【原文】

是故明君之行赏也，暖乎如时雨，百姓利其泽；其行罚也，畏乎如雷霆，神圣不能解也。故明君无偷赏，无赦罚。赏偷，则功臣坠其业；赦罚，则奸臣易为非。是故诚有功则虽疏贱必赏，诚有过则虽近爱必诛。疏贱必赏，近爱必诛，则疏贱者不怠，而近爱者不骄也。（《韩非子·主道》）

【释义】

因此明君行赏，像及时雨那么温润，百姓都能受到他的恩惠；明君行罚，像雷霆那么可怕，就是神圣也不能解脱。所以明君不随便赏赐，不赦免惩罚。赏赐随便了，功臣就懈怠他的事业；惩罚赦免了，奸臣就容易干坏事。因此确实有功，即使疏远卑贱的人也一定赏赐；确实有罪，即使亲近喜爱的人也一定惩罚。疏贱必赏，近爱必罚，那么疏远卑贱的人就不会懈怠，而亲近喜爱的人就不会骄横了。

【原文】

文王问太公曰："赏所以存劝，罚所以示惩，吾欲赏一以劝百，罚一以惩众，为之奈何？"

太公曰："凡用赏者贵信，用罚者贵必。赏信罚必于耳目之所闻见，则所不闻见者莫不阴化矣。夫诚，畅于天地，通于神明，而况于人乎！"（《六韬·赏罚》）

【释义】

文王问太公说："奖赏是用来鼓励人的，惩罚是用来警诫人的，我想用奖赏一人来鼓励百人，惩罚一人以警诫大众，应该怎么办呢？"

太公回答道："奖赏贵在守信，惩罚贵在必行。奖赏守信，惩罚必行，是人们耳朵能听到、眼睛能看见的。即使是没有听到和看见，也都会因此而潜移默化了。诚信能够畅行于天地之间，上通于神明，更何况是对人呢？"

【原文】

明主之赏罚，非以为已也，以为国也。适于已而无功于国者，不施赏焉；逆于已便于国者，不加罚

焉。(《淮南子·缪称训》)

【释义】

英明的君主实行赏罚，不是为了自己，而是为了国家利益。符合自己的心意但对国家无功劳的人，便不给予赏赐；违背自己的心意但对国家有贡献的人，便不加惩罚。

【原文】

子羔为卫政，刖人之足。卫之君臣乱，子羔走郭门，郭门闭，刖者守门，曰："于彼有缺。"

子羔曰："君子不踰。"

曰："于彼有窦。"

子羔曰："君子不遂。"

曰："于此有室。"子羔入，追者罢。

子羔将去，谓刖者曰："吾不能亏损主之法令，而亲刖子之足。吾在难中，此乃子之报怨时也，何故逃我？"刖者曰："断足固我罪也，无可奈何。君之治臣也，倾侧法令，先后臣以法，欲臣之免于法也，臣知之。狱决罪定，临当论刑，君愀然不乐，见于颜色，臣又知之。君岂私臣哉！天生仁人之心，其固然

也。此臣之所以脱君也。"孔子闻之曰："善为吏者树德，不善为吏者树怨，公行之也，其子羔之谓欤！"（《说苑·至公》）

【释义】

子羔在卫国当官，子羔依法砍掉一个犯人的脚。后来卫国君臣发生内乱，子羔逃到城门，城门已经关闭。那个被子羔砍掉脚的人恰好在看守城门，对子羔说："城墙上有个缺口，你可以翻墙逃走。"

子羔说："君子不翻墙。"

断足看守城门的人说："城墙下面有个洞，你可以钻过去逃走。"

子羔说："君子不钻洞。"

断足看守城门人最后说道："这里有一间小屋，你可以躲一躲。"

子羔躲到小屋里，直到追兵远去。子羔走出小屋，打算离去，问断足看守城门人说："我不能破坏君主的法令，只得亲自砍掉了你的脚。现在我在逃难，是你报仇的时候，为什么还要帮我逃走？"

断足守门人说："我被砍掉脚，本来就是我罪有应得，这是没有办法的事。但是当您按刑法给我定罪时，您反复推敲法令，先后为我说话，很想让我免罪，这些我也清楚。等到案子和罪刑决定了，您心里十分难过，脸色上都表露了出来，这我又清楚地看在眼里。您并不是徇私照顾我才这样做，而是与生俱来的仁爱之心本就这样。这便是我要帮助您逃脱的原因。"

孔子说："善于做官的人树立恩德，不会做官的人树立怨仇。公平执政，公正执法，子羔就是这样的人啊！"

《说苑》，又名《新苑》，古代汉族杂史小说集。刘向编。按各类记述春秋战国至汉代的遗闻逸事，每类之前列总说，事后加按语。其中以记述诸子言行为主，不少篇章中有关于治国安民、家国兴亡的哲理格言。主要体现了儒家的哲学思想、政治理想以及伦理观念。

刘向（前77—前6年），原名更生，字子政，沛（今江苏省沛县）人，汉高祖之弟楚元王的四世孙，西汉时文学家、经学家。与其子刘歆一起，为古代图书的编目整理工作作出了巨大的贡献。著作有《洪范五行传论》《七略别录》《新序》《说苑》《列女传》等。

【现代意义】

奖励和惩罚是社会管理中的基本手段，这一点古今中西的智者都认识得非常清楚，不过西方文化尤其是现代西方文化侧重于经济学、心理学和管理学，而中国传统文化则侧重于道德和伦理学。因此，"赏善惩恶""进贤退不肖"思想既有激励作用，也有教化作用。在今天的中国，无论是经济管理还是社会管理，传统的奖惩思想依然有着积极的价值。

首先，奖惩要公平公正。要功过分明，功是功，过是过，绝对不能混淆。奖罚也要得当，奖励和惩罚的程度与功劳和罪过的大小相当。只有这样，人们才心悦诚服，如管仲夺人采邑而人不怨、子羔刖人脚而人不恨。

其次，对人的奖励要多元化，不仅要有物质的奖励，还要有精神的奖励。物质奖励是最重要的激励方式之一，所以要高度重视物质奖励，但物质奖励不能成为唯一的方式。无论是心理学的需求层次理论还是经济学的边际理论，都表明物质奖励到一定程度后，其作用不断减弱，因此，在物质奖励的时候，也要重视精神奖励。和西方文化中的理性算计不同，中国传统文化更注重情感的关怀和赏识，正所谓"士为知己者死，女为悦己者容"。

再次，要重视模范的引导和教化功能。管理者的良好行为、模范作用、以身作则就是一种无声的命令，有力地激发着下属和被管理者的积极性。提拔德才兼备的人当管理者，也是引导和教化人们向善学能，达到管理和教化的目的。

最后，要在整个社会树立向善好学的风气，鼓励人们将个人发展目标与社会发展目标统一起来，将外部激励与内部激励统一起来。在正确人生观、价值观的支配下，人能把组织的共同目标和自我价值的实现结合起来，全身心地投入工作，从而焕发出极大的力量。因此，在组织内部要加强教育，把个人目标融入共同目标之中，把个人目标的实现寄托在共同目标的实现之中，将动力从外部内化到心里，使人自觉地追求更高的目标。

第三章
修身以善　天下归化

　　在追求大同社会的征程中，无论是天下为公还是选贤与能，抑或是扶弱济困，没有道德力量都不可能做到；同时，社会成员具备高尚的道德情操也是建设大同社会的基本要求。因此，提高整个社会的道德水平就成为社会发展的重要方面。中国传统文化尤其是儒家将道德建设作为治国和为人处世的根本，把德性视为所有学问的太阳，对道德教化和道德修养有许多精辟论述，至今依然闪烁着智慧的光芒。从这个意义上说，中国传统文化尤其是儒家也可以用"德性文化"来概括。这种文化要求，"自天子以至于庶人，壹是皆以修身为本"。天子修身，可以平天下；百官修身，可以安郡县；百姓修身，可以兴家保身。而且，把德性教育提高到国家层面予以重视，通过道德教化，移风易俗，净化社会风气，促进社会和谐有序。在传统文化中，德性的培育与知识的学习有所不同，它重体悟而不重思辨，重启发而不重普遍，重自觉而不重他律，重行动而不重言语，所以孔子才说"刚毅木讷近仁，巧言令色鲜矣仁"。

第一节　修身是所有人的事

【原文】

子曰："为政以德，譬如北辰，居其所而众星共之。"（《论语·为政》）

【释义】

孔子说："以道德教化来治理政事，就会像北极星那样，自己居于一定的方位，而群星都会环绕在它的周围。"

在这里孔子明确提出了"为政以德"的思想，强调道德对政治生活的决定作用，主张以道德教化为治国的原则。

【原文】

季康子问政于孔子。孔子对曰："政者，正也。子帅以正，孰敢不正？"

季康子患盗，问于孔子。孔子对曰："苟子之不欲，虽赏之不窃。"

季康子问政于孔子曰："如杀无道，以就有道，何如？"

孔子对曰："子为政，焉用杀？子欲善而民善矣。君子之德风，小人之德草，草上之风，必偃。"（《论语·颜渊》）

【释义】

季康子问孔子如何治理国家。孔子回答说："政就是正的意思。您本人带头走正路，那么还有谁敢不走正道呢？"

季康子担忧盗窃，问孔子怎么办。孔子回答说："假如你自己不贪图财利，即使奖励偷窃，也没有人偷盗。"

季康子问孔子如何治理政事，说："如果杀掉无道的人来成全有道的人，怎么样？"孔子说："您治理政事，哪里用得着杀戮的手段呢？您只要想行善，老百姓也会跟着行善。在位者的品德好比风，在下的人的品德好比草，风吹到草上，草就必定跟着倒。"

【原文】

善不积不足以成名，恶不积不足以灭身。(《周易·易传·系辞下》)

【释义】

善行不积累不能够成名，恶行不积累不足以毁灭自身。

量变引起质变，质变是量变的必然结果。

【原文】

三代之得天下也以仁，其失天下也以不仁。国之所以废兴存亡者亦然。天子不仁，不保四海；诸侯不仁，不保社稷；卿大夫不仁，不保宗庙；士庶人不仁，不保四体。今恶死亡而乐不仁，是由恶醉而强酒。(《孟子·离娄上》)

【释义】

夏、商、周三代获得天下是由于仁，失去天下是由于不仁。诸侯国家的兴衰存亡也是由于同样的原因。天子不仁，不能够保有天下；诸侯不仁，不能够保住国家；卿大夫不仁，不能够保住祖庙；士人和平民百姓不仁，不能够保全身家性命。现在的人既害怕死亡却又乐于做不仁义的事，这就好像既害怕醉却又偏偏要拼命喝酒一样。

【原文】

请问为国？曰：闻修身，未尝闻为国也。君者，仪也，仪正而景正；君者，盘也，盘圆而水圆；君者，盂也，盂方而水方。君射则臣决。楚庄王好细腰，故朝有饿人。故曰：闻修身，未尝闻为国也。（《荀子·君道》）

【释义】

请问怎样治理国家？回答说：我只听说君主要修养自己的品德，不曾听说过怎样去治理国家。君主，就像测定时刻的标杆；民众，就像这标杆的影子；标杆正直，那么影子也正直。君主，就像盘子；民众，就像盘里的水；盘子是圆形的，那么盘里的水也成圆形。君主，就像盂；民众就像盂中的水；盂是方形的，那么盂中的水也成方形。君主射箭，那么臣子就会套上扳指。楚灵王喜欢细腰的人，所以朝廷上有饿得面黄肌瘦的臣子。所以说：我只听说君主要修养身心，不曾听说过怎样治理国家。

【原文】

大学之道，在明明德，在亲民，在止于至善。

知止而后有定，定而后能静，静而后能安，安而后能虑，虑而后能得。

物有本末，事有终始。知所先后，则近道矣。

古之欲明明德于天下者，先治其国。欲治其国者，先齐其家，欲齐其家者，先修其身。欲修其身者，先正其心。欲正其心者，先诚其意。欲诚其意者，先致其知。致知在格物。

物格而后知至，知至而后意诚，意诚而后心正，心正而后身修，身修而后家齐，家齐而后国治，国治而后天下平。

自天子以至于庶人，壹是皆以修身为本。

其本乱而末治者否矣。其所厚者薄，而其所薄者厚，未之有也。

此谓知本，此谓知之至也。（《大学》）

【释义】

大学的宗旨在于弘扬光明正大的品德，在于使人弃旧图新，在于使人达到完善的境界。

知道应达到的境界才能够志向坚定；志向坚定才能够镇静不躁；镇静不躁才能够心安理得；心安理得才能够思虑周详；思虑周详才能够有所收获。

每样东西都有根本有枝末，每件事情都有开始有终结。明白了这本末始终的道理，就接近事物发展的规律了。

古代那些要想在天下弘扬光明正大品德的人，先要治理好自己的国家；要想治理好自己的国家，先要管理好自己的家庭和家族；要想管理好自己的家庭和家族，先要修养自身的品性；要想修养自身的品性，先要端正自己的心思；要想端正自己的心思，先要使自己的意念真诚；要想使自己的意念真诚，先要使自己获得知识；获得知识的途径在于认识、研究万事万物。

通过对万事万物的认识、研究后才能获得知识；获得知识后意念才能真诚；意念真诚后心思才能端正；心思端正后才能修养品性；品性修养后才能管理好家庭和家族；管理好家庭和家族后才能治理好国家；治理好国家后天下才能太平。

上自国家元首，下至平民百姓，人人都要以修养品性为根本。若这个根本被扰乱了，家庭、家族、国家、天下要治理好是不可能的。

不分轻重缓急，本末倒置却想做好事情，这也同样是不可能的！

这就是儒家的"三纲""八目"。所谓三纲，是指明德、新民、止于至善。它既是《大学》的纲领旨趣，也是儒学社会治理的目标所在。所谓八目，是指格物、致知、诚意、正心、修身、齐家、治国、平天下。它既是为达到三纲而设计的条目功夫，也是儒学为我们所展示的人生进修阶梯。三纲八目也是儒家"内圣外王"的另一种表述，内圣就是修身，外王就是齐家治国平天下。

【原文】

君明于德，可以及于远；臣笃于义，可以至于大。何以言之？昔汤以七十里之封，升帝王之位；周公自立三公之官，比德于五帝三王；斯乃口出善言，身行善道之所致也。故安危之要，吉凶之符，一出于身；存亡之道，成败之事，一起于善行；尧、舜不易

日月而兴，桀、纣不易星辰而亡，天道不改而人道易
也。(《新语·明诫》)

【释义】

君主明德修身，可以影响到远方的人民；臣子明
德修身，影响也可以波及天下。为什么这么说呢？当
年商汤凭借方圆七十里的封地，灭夏而为天子；周公
自己封自己为三公，德性并肩三皇五帝。这是他们口
出善言，身行善道所得到的结果。所以一个人安全危
险的关键，做事吉祥凶险的征兆，都在于人的行为。
一个国家的生存灭亡之道，事情的成功失败，关键在
于为政者的善行。日月星辰未变而尧舜兴起、夏桀殷
纣灭亡，天道不变而人事通过善行可以改变的。

《新语》是西汉时期陆贾的著名政论散文集，全
书共计十二个章节。在《新语》中，陆贾主张"行仁
义，法先圣"，礼法结合，同时强调人主必须无为。
为西汉前期的统治思想奠立了一个基本模式。

【原文】

上敬老则下益孝，上尊齿则下益悌，上乐施则下
益宽，上亲贤则下择友，上好德则下不隐，上恶贪则

下耻争，上廉让则下耻节，此之谓七教。七教者，治民之本也。政教定则本正也。凡上者民之表也，表正则何物不正？是故人君先立人于己，然后大夫忠而士信，民敦俗璞，男悫而女贞。六者教之致也，布诸天下四方而不窕，纳诸寻常之室而不塞，等之以礼，立之以义，行之以顺，则民之弃恶如汤之灌雪焉。（《孔子家语·王言解》）

【释义】

居上位的人尊敬老人，那么下层百姓会更加遵行孝道；居上位的人尊敬比自己年长的人，下层百姓会更加敬爱兄长；居上位的人乐善好施，下层百姓会更加宽厚；居上位的人亲近贤人，百姓就会择良友而交；居上位的人注重道德修养，百姓就不会隐瞒自己的观点；居上位的人憎恶贪婪的行为，百姓就会以争利为耻；居上位的人讲廉洁谦让，百姓就会以不讲气节德操为耻。这就是所说的七种教化。这七教，是治理民众的根本。政治教化的原则确定了，那治民的根本就是正确的。凡是身居上位的人，都是百姓的表率，表率正还有什么不正的呢？因此国君首先能做到仁，然后大夫也就会做到忠于国君，而士也就能做到讲信义，民心敦厚民风淳朴，男人诚实谨慎女子忠贞不贰。这六个方面，是教化导致的结果。这样的教化散布天下四方而不会产生怨恨情绪，用来治理普通家庭而不会遭到拒绝。用礼来区分人的等级尊卑，以道义立身处世，遵照礼法来行事，那么百姓放弃恶行就如同用热水浇灌积雪一样了。

【现代意义】

在大同社会描绘的理想蓝图中，道德高尚是个人和社会的基本价值追求，也是文明的基本标志。儒家更是将修身进德作为个人和社会的终极目标，其思想虽然具有极端、绝对化和脱离实际的一面，但其中的许多精辟见解和深刻论述，对现代社会仍然有着重要的启示意义。在当今中国，道德缺失问题在多个领域造成了严重的后果，亟须加强道德建设，弘扬社会正气，提高政府权威，减少经济违法，缓和人际矛盾，提高个人品位，为中国特色社会主义建设夯实基础，为实现中华民族伟大复兴添加动力。

在传统文化中，官德在道德建设中居于第一位重要的位置。古人认为，在各种道德失范中，官德失范危害最大。因为官员具有巨大社会示范效应，如果官员贪污腐化，道德败坏，将直接诱发、刺激社会风气变坏，公共道德变差。今天，干部的思想道德问题依然是一个需要严肃对待、认真解决的重要问题。汲取古人的思想，大力加强干部思想道德建设，至少需要在以下三个方面下功夫。一是加强制度建设，把权力关在制度的笼子里，完善各方面的监督机制，减少干部贪污腐败、道德败坏的机会，使其不能贪污腐化；二是加强党纪法律建设，使干部的违法和失德得到应有的惩罚，形成强大的震慑力，使其不敢贪污腐化；三是持之以恒地加强对干部的思想政治教育，坚定他们的理想信念，推进个人道德水平不断进步，使其不想贪污腐化。

从社会层面来说，今天加强道德建设，还必须直面功利主义的影响。现代社会是工业化、都市化的社会，人们生活在一个物化、消费的时代，做事往往精于算计，以追求利益最大化。这种功利主义的追求，导致竞争进一步加剧，造成了人与人之间一定程度上的无情和冷漠。功利主义的追求，一方面使人丧失了人的尊严，把人"物化"，另一方面也带来社会秩序混乱无序。在这一点上，可以吸收借鉴传统文化中的有关思想追求，比如儒家将道德视为人的本性的观念，将儒家的德性伦理融入现代社会，对功利主义导致的人的物化和社会混乱予以一定的解蔽和纠偏。

第二节　善教乐学　化民归善

【原文】

适卫，冉有仆。子曰："庶矣哉!"

冉有曰："既庶矣，又何加焉?"

曰："富之。"

曰："既富矣，又何加焉?"

曰："教之。"(《论语·子路》)

【释义】

孔子到了卫国，冉有为他驾车。孔子感叹道："人口真多呀!"

冉有说："人口已经够多了，还要再做什么呢?"

孔子说："使他们富起来。"

冉有说："富了以后又还要做些什么呢?"

孔子说："对他们进行教化。"

【原文】

子曰："不愤不启，不悱不发，举一隅不以三隅反，则不复也。"（《论语·述而》）

【释义】

孔子说："教导学生，不到他想弄明白而不得的时候，不去开导他；不到他想出来却说不出来的时候，不去启发他。教给他一个方面的东西，他却不能由此而推知其他三个方面的东西，那就不再教他了。"

从教学方面而言，孔子提出了"启发式"教学的思想，他反对"填鸭式""满堂灌"的做法。要求学生能够"举一反三"，在学生充分进行独立思考的基础上，再对他们进行启发、开导，这是符合教学基本规律的，而且具有深远的影响，在今天教学过程中仍可以加以借鉴。

【原文】

子曰："学而不思则罔，思而不学则殆。"（《论语·为政》）

【释义】

孔子说："只读书学习，而不思考问题，就会惘然无知而没有收获；只空想而不读书学习，就会疑惑而没有定论。"

【原文】

孟子曰："君子之所以教者五：有如时雨化之者，有成德者，有达财者，有答问者，有私淑艾者。此五者，君子之所以教也。"（《孟子·尽心上》）

【释义】

孟子说："君子教育人的方式有五种：有像及时雨一样滋润化育的；有成全品德的；有培养才能的；有解答疑问的；有以学识风范感化他人使之成为私淑弟子的。这五种，就是君子教育人的方式。"

孔子提出了因材施教的教育方法，孟子在这里又进一步深化。

【原文】

国将兴，必贵师而重傅，贵师而重傅则法度存。国将衰，必贱师而轻傅，贱师而轻傅则人有快，人有

快则法度坏。(《荀子·大略》)

【释义】

国家想要兴盛，必须要尊敬老师而看重有技能的人才的；尊敬老师而看重有技能的人才，那么法度就能保持并得以推行。国家将要衰微的时候，一定是鄙视老师而看轻有技能的人才的；鄙视老师而看轻有技能的人才，那么人们就会有放肆之心；人有了放肆之心，那么法度就会破坏。

【原文】

师术有四，而博习不与焉：尊严而惮，可以为师；耆艾而信，可以为师；诵说而不陵不犯，可以为师；知微而论，可以为师。故师术有四，而博习不与焉。水深而回，树落则粪本，弟子通利则思师。《诗》曰："无言不雠，无德不报。"此之谓也。(《荀子·致士》)

【释义】

成为老师的办法有四种，而博学并不包括在这里面。尊严而使人敬畏，可以成为老师；年老而有威信，可以成为老师；诵读解说经典而在行动上不超越、不违犯它，可以成为老师；懂得精微的道理而又能加以阐述，可以成为老师。所以成为老师的办法有四种，而博学并不包括在这里面。水深了就会打旋，树叶落下就给树根施了肥，学生显达得利了就会想到老师。《诗》云："说话总会有应答，施恩总会有报答。"说的就是这种道理啊。

【原文】

我欲贱而贵，愚而智，贫而富，可乎？曰：其唯学乎。（《荀子·儒效》）

【释义】

我地位低下想要变得高贵，资质愚钝想要变得有智慧，生活贫困想要变得富裕，能做到吗？回答：只有通过学习可以达到。

人的出身、资质、家庭等条件都是人天生而不可掌控的，但是，通过后天的努力可以改变，因此，学习是改变命运的基本途径。

【原文】

玉不琢，不成器；人不学，不知道。是故古之王者建国君民，教学为先。(《礼记·学记》)

【释义】

玉石不经雕琢，就不能变成好的器物；人不经过学习，就不会明白道理。所以古代的君王，建立国家，统治人民，首先要设学施教。

【原文】

虽有嘉肴，弗食，不知其旨也；虽有至道，弗学，不知其善也。是故学然后知不足，教然后知困。知不足，然后能自反也；知困，然后能自强也。故曰：教学相长也。《兑命》曰：学学半。其此之谓乎。(《礼记·学记》)

【释义】

尽管有味美可口的菜肴，不吃就不会知道它的味道；尽管有高深完善的道理，不学习也不会了解它的好处。所以，通过学习才能知道自己的不足，通过教育学生才能感到困惑。知道自己学业的不足，才能反过来严格要求自己；感到困惑然后才能不断地钻研。
所以说，教与学是互相促进的。《尚书·说命》中说
"在教学中，教与学是一个事情的两个方面"，就是说
的这个道理啊！

【原文】

一年之计，莫如树谷；十年之计，莫如树木；终
身之计，莫如树人。一树一获者，谷也；一树十获
者，木也；一树百获者，人也。我苟种之，如神用
之，举事如神，唯王之门。（《管子·权修》）

【释义】

作一年的打算，最好是种植五谷；作十年的打
算，最好是种植树木；作终身的打算，最好是培育人
才。种谷，是一种一收；种树，是一种十收；培育人
才，则是一种百收的事情。如果我们注重培养人才，
其效用将是神奇的；而如此举事收得神效的，只有王
者之门才能够做到。

【原文】

与君子游，苾乎如入兰芷之室，久而不闻，则

与之化矣；与小人游，贷乎如入鲍鱼之次，则与之化矣。是故，君子慎其所去就。(《大戴礼记·曾子疾病》)

【释义】

与君子做朋友，好像进入了芳香四溢兰花香草之室，时间久了就闻不到香味了，但自身和兰花香草一样散发着香味；和小人交朋友，好比进入了盛满死鱼的杂货铺，时间长了身上也散发着死鱼一样的腥臭味。所以，君子必须慎重地选择自己的住所和朋友。

【原文】

学至于乐则成矣。笃信好学，未知自得之为乐。好之者，如游他人园圃；乐之者，则己物尔。然人只能信道，亦是人之难能也。(《河南程氏遗书》卷十一)

【释义】

达到了将学习作为乐趣的境界，可以说是成功了。认真、快乐地学习，但并没得到学习自身的乐趣。喜欢学习，如同游他人家的花园，看着美丽，却不属于自己。将学习作为乐趣，如同游自己家的花园，美丽属于自己。然而一般来说，即使是喜欢学习，人也难以达到。

孔子说"知之者，不如好之者；好之者，不如乐之者"，二程将孔子的这段话作了进一步的说明，说明寓教于乐才能收到好的效果。

【现代意义】

传统文化的教民化俗，就是通过道德教育来感化人民接受主流的道德理念，并在日常生活中身体力行，达到移风易俗、安定天下的治理目标。为了实现教化目的，传统文化特别是儒家曾建立了一套比较系统的理论，并在长期的教化实践中形成了一套方式方法，虽然这些理论和方法都是封建时代的产物，是为维护封建专制统治服务的，但其中也包含了不少道德教育的一般规律，对今天的社会道德教育仍有重要的借鉴意义。

社会主义核心价值观，其实也是一种德，既是个人的德，也是一种大德，就是国家的德、社会的德。国无德不兴，人无德不立。如果一个民族、一个国家没有共同的核心价值观，莫衷一是，行无依归，那这个民族、这个国家就无法前进。社会主义核心价值观也必须内化到人民的心里，外显于行动，才能真正起到凝聚民心、美化风俗、安定社会的功效。因此，国家也必须对人民进行教化，加强思想政治教育，使社会主义核心价值观内化到人民心里。从这个意义上说，社会主义核心价值观教育可以从儒家的教化理论和方法汲取智慧和营养。

首先，社会主义核心价值观的内容与儒家的教化倡导有暗合之处，是吸收传统文化的思想所得，也可以借此发挥传统文化的深厚影响力，帮助人们认同社会主义核心价值观。比如，社会主义核心价值观强调的富强、文明，与儒家"富之""教之"的思路暗合；民主、自由、平等、公正、法治等关于规范政府行为和干部道德的内容，以及引导人民爱国、敬业、诚信、友善等要求，与儒家强调身教的"子帅以正，孰敢不正"的理念暗合，与儒教内圣外王或修身齐家治国平天下的理念也暗合。

其次，在社会主义核心价值观的教育上，可以学习借鉴儒家教化的手段多样化。儒家教化强调，"家有塾，党有庠，术有序，国有学"；社会主义核心价值观教育也应该重视学校教育、社会教育、家庭教育、社团教育等各方面各领域的教育，形成合力，提升效果。儒家还很重视"乐教"，通过文学艺术潜移默化的作用来实现教育目的。社会主义核心价值观也要重视文艺的教化作用，使社会主义核心价值观不知不觉中潜入人心。儒家的因材施教、教学相长、举一反三、好学乐学等方法，也依然符合现代教学规律，值得我们继承弘扬。

最后，从中华文化传承几千年的历史脉络看，道德教化是百年树人的长期工作，不可能一蹴而就，必须坚持不懈才能收到效果。儒家强调，"化民成俗之道，除却身教再无巧术，除却久道再无顿法"。这些思想是符合规律性的。一个人道德品质的形成，不仅是长期的，而且势必要有反复，这就决定了教化工作应常抓不懈。至于社会风气的好转并巩固，更非一朝一夕之事，更需潜移默化、日积月累。因此，社会主义核心价值观教育也要长期坚持，并根据时代特点探索出更为有效的教育教化方法。

第三节　修身须认识、体悟万事万物之理

【原文】

孔子曰："君子有九思：视思明，听思聪，色思温，貌思恭，言思忠，事思敬，疑思问，忿思难，见得思义。"(《论语·季氏》)

【释义】

孔子说："君子有九种要思考的事：看的时候，要思考看清与否；听的时候，要思考是否听清楚；自己的脸色，要思考是否温和，容貌要思考是否谦恭；言谈的时候，要思考是否忠诚；办事要思考是否谨慎严肃；遇到疑问，要思考是否应该向别人询问；愤怒时，要思考是否有后患；获取财利时，要思考是否合乎义的准则。"

孔子所谈的"君子有九思"，把人的言谈举止的各个方面都考虑到了，他要求自己和学生们一言一行都要认真思考和自我反省。

【原文】

孟子曰："人皆有不忍人之心。先王有不忍人之心，斯有不忍人之政矣。以不忍人之心，行不忍人之政，治天下可运之掌上。所以谓人皆有不忍人之心者，今人乍见孺子将入于井，皆有怵惕恻隐之心，非所以内交于孺子之父母也，非所以要誉于乡党朋友也，非恶其声而然也。由是观之，无恻隐之心，非人也；无羞恶之心，非人也；无辞让之心，非人也；无是非之心，非人也。恻隐之心，仁之端也；羞恶之心，义之端也；辞让之心，礼之端也；是非之心，智之端也。人之有是四端也，犹其有四体也。有是四端而自谓不能者，自贼者也；谓其君不能者，贼其君者也。凡有四端于我者，知皆扩而充之矣，若火之始然，泉之始达。苟能充之，足以保四海；苟不充之，不足以事父母。"（《孟子·公孙丑上》）

【释义】

每个人都有怜悯体恤别人的心理。古代的君王有怜悯体恤别人的心理，所以才有怜悯休恤百姓的政治。用怜悯体恤别人的心理，施行怜悯体恤百姓的政治，治理天下就好像在手掌心里面运转东西一样容易。所以说每个人都有怜悯体恤别人的心理，譬如说，有人突然看见一个小孩子要掉进井里，必然会产生惊惧怜悯的心情。产生这种惊惧怜悯的心情，并不是为了和这孩子的父母结交，也不是为了在乡邻朋友中博取好的声誉，也不是因为厌恶这孩子的哭叫声才产生这种惊惧心理的。由此看来，没有同情心，简直不是人；没有羞耻心，简直不是人；没有谦让心，简直不是人；没有是非心，简直不是人。同情心是仁的发端；羞耻心是义的发端；谦让心是礼的发端；是非心是智的发端。人有这四种发端，就像有四肢一样。有了这四种发端却自认为不行的人，是自己害了自己；认为他的君主不能实行仁政的人，是在坑害他的君主。凡是认识到自己具有这四种发端的人，知道要扩大充实它们，就像火刚刚开始燃烧、泉水刚刚开始喷涌一样。如果能够把仁义礼智四端扩充起来，就足以安定天下，如果不能扩充，就连赡养父母都成问题。

孟子的这段话非常有名，他点出了人之所以为人的根本原因是人有仁义礼智四种天性，但他也说得也很清楚——仁义礼智仅仅是人的端点，这个端点可能会生成善行，也可能被湮没。每个人先天都有这些善端，那么后天的修身就成为提高德行的基本途径。

【原文】

若夫心意修，德行厚，知虑明，生于今而志乎古，则是其在我者也。故君子敬其在己者，而不慕其在天者；小人错其在己者，而慕其在天者。君子敬其在己者而不慕其在天者，是以日进也；小人错其在己者而慕其在天者，是以日退也。故君子之所以日进与小人之所以日退，一也。君子小人之所以相县者在此耳。(《荀子·天论》)

【释义】

至于思想美好，德行敦厚，谋虑周全，生在今天而希望知道古代，这些就是那取决于我们自己。所以，君子重视自己，而不去羡慕那些上天决定的东西；小人忽视自己，而重视那些上天决定的东西。君子重视自己而不去羡慕那些上天决定的东西，因此天天进步；小人忽视自己而重视那些上天决定的东西，因此天天退步。所以君子天天进步，而小人天天退步，道理是一样的。君子、小人相差悬殊的原因，就在与重视自己还是重视上天。

【原文】

故君子尊德性而道问学，致广大而尽精微，极高明而道中庸。温故而知新，敦厚以崇礼。(《中庸》)

【释义】

因此，君子推崇德性，沿着问学的道路走下去，是自己的德性达到既广大无所不包又极其细致精微，既达到极高明的境界又践履中庸之道。达到广博境界而又钻研精微之处；洞察一切而又奉行中庸之道。要从温习仁义礼智等固有的德性出发，推出新的道德境界论，要做到既敦厚朴实又崇尚礼仪。

【原文】

唯天下至诚，为能尽其性；能尽其性，则能尽人之性；能尽人之性，则能尽物之性；能尽物之性，则可以赞天地之化育；可以赞天地之化育，则可以与天地参矣。(《中庸》)

【释义】

只有天下极端真诚的人能充分发挥他的本性；能充分发挥他的本性，就能充分发挥众人的本性；能充分发挥众人的本性，就能充分发挥万物的本性；能充分发挥万物的本性，就可以帮助天地培育生命；能帮助天地培育生命，就可以与天地并列为三了。

【原文】

学者工夫，唯在居敬、穷理二事。此二事互相发。能穷理，则居敬工夫日益进；能居敬，则穷理工夫日益密。譬如人之两足，左足行，则右足止；右足行，则左足止。又如一物悬空中，右抑则左昂，左抑则右昂，其实只是一事。（《朱子语类》卷九）

【释义】

学者修德的功夫，就在持身恭敬、格物穷理两件事。这两件事相互促进：能够格物穷理，则持身恭敬的功夫会天天进步；能够持身恭敬，则格物穷理的功夫天天精微。好比人的两只脚，左脚行则右脚停，右脚行则左脚停，又好比一个物体悬在空中，左边高则右边低，右边高则左边低，其实这是一件事的两个方面。

【原文】

所谓致知在格物者，言欲致吾之知，在即物而穷其理也。盖人心之灵莫不有知，而天下之物莫不有理，惟于理有未穷，故其知有不尽也。是以《大学》始教，必使学者即凡天下之物，莫不因其已知之理而益穷之，以求至乎其极。至于用力之久，而一旦豁然贯通焉，则众物之表里精粗无不到，而吾心之全体大用无不明矣。此谓物格，此谓知之至也。(《大学章句》)

【释义】

所谓的获得知识在于研究事物，就是说想要获得知识，必须要去研究事物的规律。人心灵敏而有认识能力，而天下万事万物都有规律，只是规律没有被人认识到，所以人的知识就有欠缺。因此《大学》开始就是阐明，学者就天下之物，是根据已经知道的规律来推理更多的知识，最后得到万事万物的知识和规律。如果学者不断地学习和探索，所掌握的知识一旦豁然贯通，则万事万物的现象和本质都会掌握，而人心的作用也都全部发挥了。这里所说的格物，就是获得万事万物所有的知识和规律。

在《大学》中，对诚意、正心、修身、齐家、治国、平天下六个条目作了解释，但是对格物、致知没有做说明。朱熹根据程颐和程颢二人解释的基础上，对格物致知作了详细的阐发，认为格物致知就是格物穷理。朱熹所谓的知识，主要是指仁义礼智等道德规则和要求，而不是客观事物的规律。格物穷理，其实就是日常生活中发现道德要求，并将其践履。

《大学章句》是宋代思想家朱熹对《大学》的注释，它是朱熹用力最勤的著作。

【现代意义】

在中华传统文化中，绝大多数儒家学者，尤其是孟子和宋明理学家，从人性或人心中寻找道德的根源，再把它上升为天命，这是儒学道德发生论的基本特点。这种道德起源论从主体性的角度，认识到了道德作为人的道德的主体性、自觉性特点，道德实践也离不开人的自觉性和能动性，但把道德的根源和基础全部归结为人的先天道德情感，这是一种先天的、抽象的人性论和道德发生论，并以此否认道德的外律性、社会客观性，本身是一种不科学的理论。马克思认为，人的本质是各种社会关系的总和，道德的最终根源是外在的客观的社会关系。如果没有社会关系和需要调节的矛盾，道德是无从产生的。道德的主体性、自觉性只能是对这种社会客观关系及其道德要求的自觉和实践。道德是他律和自律的统一，他律需要自律的自觉、内化和支持，但自律绝不是无条件的，绝不是可以摆脱他律的。

当下中国还流行一种利己主义的道德观，即道德只是用来牟利的工具。持这种道德观的人，完全否认了道德的神圣性和崇高性，也不认同和尊重外在的规范性和约束性。这种人要么推崇"我是流氓我怕谁""笑贫不笑娼"之类恶俗的追求，要么用一些道德行为来为自己获取私利。对持这种道德观的人，如果一味地强调道德的自律性而忽视他律性，就会使道德的正确导向作用受损害，使人们对形成良好的道德丧失信心。

因此，推进道德建设一方面要继承儒家"仁者，人也"的道德观，强调道德根于人性，是神圣和崇高的，是人完善自己的重要方面，另一方面也要重视制度和规范建设，激励人们追求高尚，抵制恶俗。这样就能实现道德的主体性与规范性的统一，激励与约束的统一，对人与对己的统一。单纯地强调主观性或规范性，都不会切实有效地促进社会或个人道德修养的提高。

第四节　修身需在事上磨炼

【原文】

曾子曰："吾日三省吾身，为人谋而不忠乎？与朋友交而不信乎？传不习乎？"（《论语·学而》）

【释义】

曾子说："我每天多次反省自己，为别人办事是不是尽心竭力了呢？同朋友交往是不是诚实了呢？老师传授给我的学业是不是复习了呢？"

曾子，姓曾名参（音 shēn），字子舆，鲁国人，孔子的得意门生，以孝出名。据说《孝经》就是他撰写的。

《论语》书中多次谈到自省的问题，要求孔门弟子自觉地反省自己，进行自我批评，加强个人思想修养和道德修养，改正个人言行举止上的各种错误。这种自省的道德修养方法也就是"慎独"，特别强调进行修养的自觉性，在今天依然是提高道德修为的基本方法。

【原文】

子曰："富与贵，是人之所欲也，不以其道得之，不处也；贫与贱，是人之所恶也，不以其道得之，不去也。君子去仁，恶乎成名？君子无终食之间违仁，造次必于是，颠沛必于是。"（《论语·里仁》）

【释义】

孔子说："发大财和做高官是人人都想要得到的，但不用正当的方法得到它，君子不会接受的；贫穷与低贱是人人都厌恶的，但不用正当的方法去摆脱它，君子是不会摆脱的。君子如果离开了仁德，怎么能成就他的声名呢？君子没有一顿饭的时间背离仁德的，就是在仓促匆忙的时候一定与仁德同在，就是在颠沛流离的时候一定和仁德同在。"

【原文】

孟子曰："舜发于畎亩之中，傅说举于版筑之间，胶鬲举于鱼盐之中，管夷吾举于士，孙叔敖举于海，百里奚举于市。故天将降大任于是人也，必先苦其心志，劳其筋骨，饿其体肤，空乏其身，行拂乱其所为，所以动心忍性，曾益其所不能。人恒过，然后能改。困于心，衡于虑，而后作。征于色，发于声，而后喻。入则无法家拂士，出则无敌国外患者，国恒亡。然后知生于忧患而死于安乐也。(《孟子·告子下》)

【释义】

舜从田间劳动中成长起来的，傅说从筑墙的工作中被选拔出来的，胶鬲是在打鱼晒盐中被任用的，管仲是在士人中间被推举上来的，孙叔敖从海边被发现选用的，百里奚从集市上被选拔出来的。所以，上天将要把重大使命降落到某人身上，一定要先使他的意志受到磨炼，使他的筋骨受到劳累，使他的肠胃忍饥挨饿，使他备受穷困之苦，做事偏偏打不到目标。这是为了激励他的意志，磨炼他的耐心，增长他的才能。人总是要经常犯错误，然后才能改正。心气郁结，殚思极虑，然后才能行动起来；在脸色上显示，在声音中表达，然后才能被人了解。一个国家，内部没有执掌法度的大臣和辅佐的贤士，外部没有敌对国家的忧患压力，往往容易亡国。由此可以知道，忧患使人生存，安逸享乐却足以使人败亡。

傅说，殷武丁时人，曾为刑徒，在筑墙，后被武丁发现，举用为相。

胶鬲，殷纣王时人，曾以贩卖鱼、盐为生，周文王把他举荐给纣，后辅佐周武王。

管夷吾，即管仲。

孙叔敖，是春秋时楚国的隐士，隐居海边，被楚王发现后任为令尹（宰相）。

百里奚，春秋时的贤人百里奚，流落在楚国，秦穆公用五张羊皮的价格把他买回，任为宰相。

这段是《孟子》最著名的篇章之一。对成大事者来说，磨炼必不可少。

【原文】

天下之达道五，所以行之者三。曰：君臣也，父子也，夫妇也，昆弟也，朋友之交也，五者天下之达道也。知，仁，勇，三者天下之达德也，所以行之者一也。或生而知之，或学而知之，或困而知之，及其知之，一也。或安而行之，或利而行之，或勉强而行之，及其成功，一也。子曰："好学近乎知，力行近

乎仁，知耻近乎勇。知斯三者，则知所以修身；知所以修身，则知所以治人；知所以治人，则知所以治天下国家矣。"（《中庸》）

【释义】

天下人共有的伦常关系有五项，用来处理这五项伦常关系的德行有三种。君臣、父子、夫妇、兄弟、朋友之间的交往，这五项是天下人共有的伦常关系。智、仁、勇，是用来处理这五项伦常关系的三种德行。至于这三种德行的实施，道理都是一样的。比如说，有的人生来就知道它们，有的人通过学习才知道它们，有的人要遇到困难后才知道它们，但只要他们最终都知道了，也就是一样的了。又比如说，有的人自觉自愿地去实行它们，有的人为了某种好处才去实行它们，有的人勉勉强强地去实行，但只要他们最终都实行起来了，也就是一样的了。孔子说："喜欢学习就接近了智，努力实行就接近了仁，知道羞耻就接近了勇。知道这三点，就知道怎样修养自己，知道怎样修养自己，就知道怎样管理他人，知道怎样管理他人，就知道怎样治理国家和天下了。"

在日常生活中要将道德原则贯彻进去，并以此来

调节人与人之间的关系，这是道德发挥作用的基本
方式。

【原文】

兼服天下之心：高上尊贵，不以骄人；聪明圣知，
不以穷人；齐给速通，不争先人；刚毅勇敢，不以伤
人；不知则问，不能则学，虽能必让，然后为德。遇
君则修臣下之义，遇乡则修长幼之义，遇长则修子弟
之义，遇友则修礼节辞让之义，遇贱而少者，则修告
导宽容之义。无不爱也，无不敬也，无与人争也，恢
然如天地之苞万物，如是则贤者贵之，不肖者亲之。
（《荀子·非十二子》）

【释义】

使天下人对自己心悦诚服的办法是：高高在上、
职位尊贵，但不因此而傲视别人；聪明睿智、通达事
理，但不因此而使人难堪；才思敏捷、反应迅速，但
不在别人面前抢先逞能；刚强坚毅、勇敢大胆，但不
因此而伤害别人。不懂就请教，不会就学习；即使能
干也一定谦让，这样才算有道德。面对君主就奉行做
臣子的道义，面对乡亲就讲求长幼之间的道德标准，

面对父母兄长就遵行子弟的规矩，面对朋友就讲求礼节谦让的行为规范，面对地位卑贱而年纪又小的人就实行教导宽容的原则。无所不爱，无所不敬，从不与人争执，心胸宽广得就像天地包容万物那样。像这样的话，那么贤能的人就会尊重你，不贤的人也会亲近你。

【原文】

或问为学。曰："今人将作个大底事说，不切己了，全无益。一向去前人说中乘虚接渺，妄取许多枝蔓，只见远了，只见无益于己。圣贤千言万语，尽自多了。前辈说得分晓了，如何不切己去理会！如今看文字，且要以前贤程先生等所解为主，看他所说如何，圣贤言语如何，将己来听命于他，切己思量体察，就日用常行中着衣吃饭，事亲从兄，尽是问学。若是不切己，只是说话。今人只凭一己私意，瞥见些子说话，便立个主张，硬要去说，便要圣贤从我言语路头去，如何会有益。此其病只是要说高说妙，将来做个好看底物事做弄。如人吃饭，方知滋味；如不曾吃，只要摊出在外面与人看，济人济己都不得。"

（《朱子语类》卷八》）

【释义】

有人问朱熹修身为学之道。朱熹说："现在从大的方面来说，如果道德知识不内化为自己的价值观，没有任何作用。如果在前人的学说中接受一些虚无缥缈的言论，并自行断章取义，这已经远离的为学之道，对自己的道德修为并没有什么好处。修身为学之道，孔孟等圣贤说了千言万语，已经够多了。道理前人说得很清楚了，问题的关键是如何根据自己的情况去体会！现在要学习书本知识，以孔孟等圣贤的著述和程颢、程颐二先生的注解为主，看二先生怎么说，孔孟等圣贤又怎么说，将他们的道理记下来，根据自己的情况体悟省察，在日常生活中穿衣吃饭，孝顺父母，顺从兄长，都是学问。如果不内化为自己的价值观，也只能仅仅停留在口头上。现在一些人只凭借自己的理解，看见一些言论，就产生一个念头，然后讲出一番道理，这只是在口头上学习圣贤，怎么可能会有益处呢？这种毛病就是说得好听，但重要的是要把事情做好。比如人吃饭才能知道饭菜的滋味，如果没有吃，只是把饭菜端出去让人看，对人对己都没有用处。"

【原文】

人须在事上磨炼，方立得住，方能静亦定，动亦定。(《传习录》上)

【释义】

人必须要在生活中磨炼，才能真正成熟，独处时不迷惑，和别人相处时也不迷惑。

【原文】

知之真切笃实处，即是行；行之明觉精察处，即是知；知行工夫本不可离。只为后世学者分作两截用功，失却知行本体，故有合一并进之说。真知即所以为行，不行不足谓之知。(《传习录》中)

【释义】

人的认识到了真实深切、确凿无疑的境界，就是实践了；实践到了符合规律、步骤分明的程度，就是认识；认识与实践二者本为一体，不可分离。后来的学者将认识和实践分成了两个方面，并分别进行研究，不知道实践和认识本为一体，所以才有认识和实践"合一"说和"并行"说。真正的认识就一定会去实践，不去实践就不能称作认识。

【现代意义】

社会是由人组成的，是人的集合体。建设理想的大同社会，根本的事情是培养理想化的人，适应社会需要的人。中国传统文化从这样的思路出发，特别强调人的自我修养，强调道德的实践养成。这些思想迎合了士绅阶层的清高追求，也迎合了统治阶层培养顺民的期望，因此得到大力推广，流传了丰富的内容。今天汲取这些思想营养，要剔除其中服务封建统治阶级和盲从、迷信等不可取的内容，继承其积极的劝人向善向上的内容。

首先，修身要立志。孟子说："先立乎其大者，其小者不能夺也。"理想信念是推动人学习和修身的内部动因，没有理想信念，就不会有前进的动力，正所谓"志不立，天下无可成之事，虽百工技艺，未有不本于志者"。古人认为，没有理想信念，不会做好任何事，即使是像制陶建房这样的手工活，没有理想信念也无法完成。在今天，立志最基础的就是要树立正确的价值观，就是认同和践行社会主义核心价值观。价值观是人道德修养的灵魂和奋斗方向，树立正确的价值观，才能面对外部世界各种事情的迷乱和诱惑，在为人和处世中做到公平公正，与人为善；反之，没有正确的价值观，就分不清善恶是非，为人和处世中不是薄此厚彼，就是损人利己或损公肥私。

其次，修身要慎独。"慎独"是儒家阐发出来的自我修身方法，就是在独处时能够直面自己真实的想法，并自觉反省自己的过失，提高自己的道德修为，这是一种更高的、也是更有效的道德修为方法。

再次，修身要知行合一。知行问题，是古人特别强调的问题。在这个问题上，古人的核心观点是强调知行合一，不知无以行，知而不行是为不真知。在马克思主义哲学看来，知行问题实际上是认识和实践的关系问题，是人的认识活动的两个基本方面，二者是内在统一的，没有纯粹的知或纯粹的行。在这一点上，中国传统文化与马克思主义哲学的基本思想是一致的。

最后，修身要从小事做起，在困境中要挺立，在顺境中要持敬。修身立德的道理不难懂，但如何身体力行却难以做到或者持之以恒地长期做到。既有自身立志不坚、信念不明的原因，也有外部诱惑的原因。修身立德，应该像朱熹所言，在小时候就要从洒扫、应对进退等小事中养成良好道德习惯，长大后再学习道德的原则和思想的根源。人在困境中容易灰心丧气，因此要"穷则独善其身"，就是要坚定信念不动摇，不犯贱、不犯邪，磨炼自己意志，提高自己品行，增加自己才干；人在顺境中容易得意忘形，因此要"达则兼济天下"，就是始终保持敬畏之心，慎言慎行，扶危济困，担当应尽责任。

第四章
道无弃物　常善救人

　　"人不独亲其亲，不独子其子，使老有所终，壮有所用，幼有所长，矜寡孤独废疾者，皆有所养。男有分，女有归。货，恶其弃于地也，不必藏于己；力，恶其不出于身也，不必为己"。这些经典论述描绘了大同社会人与人之间友爱互助、和谐相处的美好愿望，集中表述了我国传统文化中社会救济和慈善事业的思想理念，对后世产生了深远的影响。在传统文化中，儒家主张推己及人，因此倡导"老吾老以及人之老，幼吾幼以及人之幼"，道家主张损有余以奉不足。这些思想在长期的社会实践中，不仅成为深入人心的观念和深厚的社会良俗，而且也体现在一定的社会法律制度之中，受到规范和保障。犹如世界上没有两片相同的树叶一样，也没有两个完全相同的人生，人总会有一些社会地位高低、财富多少的差别，对弱势群体的救助是消除社会差距，消除社会戾气，维护社会稳定和谐的重要方面。对于那些因天灾人祸而陷入困境的人，中国传统文化特别关注，主张及时给予帮扶和救助，认为这既是为政者的责任，也是仁爱思想的集中体现。另外，中国传统文化关于慈善、救济的思想还强调，真正的救济不是一种简单的政策和权宜之计，而是要最后归结为制民之产，要给被救助者提供基本的生产资料，让他们不仅解决自己的生计，还能进一步帮助别人。

第一节　老吾老以及人之老
幼吾幼以及人之幼

【原文】

子曰："弟子入则孝，出则悌，谨而信，泛爱众，而亲仁。行有余力，则以学文。"（《论语·学而》）

【释义】

孔子说："年轻人在家里，要孝顺父母；出门在

外，要顺从师长，言行要谨慎，要诚实可信，要广泛
地去爱众人，亲近那些有仁德的人。这样躬行实践之
后，还有时间和精力，就再去学习文献知识。"

【原文】

若使天下兼相爱，爱人若爱其身，犹有不孝者
乎？视父、兄与君若其身，恶施不孝？犹有不慈者
乎？视子弟与臣若其身，恶施不慈？故不孝不慈亡，
犹有盗贼乎？故视人之室若其室，谁窃？视人身若其
身，谁贼？故盗贼有亡。犹有大夫之相乱家、诸侯之
相攻国者乎？视人家若其家，谁乱？视人国若其国，
谁攻？故大夫之相乱家、诸侯之相攻国者有亡。

若使人下兼相爱，国与国不相攻，家与家不相
乱，盗贼无有，君臣父子皆能孝慈，若此则天下治。
故圣人以治天下为事者，恶得不禁恶而劝爱。故天下
兼相爱则治，交相恶则乱。故子墨子曰不可以不劝爱
人者，此也。（《墨子·兼爱上》）

【释义】

假若天下之人都能相亲相爱，爱别人就像爱自
己，还能有不孝的吗？看待父亲、兄弟和君上像看待

自己一样，怎么会做出不孝的事呢？还会有不慈爱的吗？看待弟弟、儿子与臣下像自己一样，怎么会做出不慈的事呢？所以不孝不慈都没有了。还有盗贼吗？看待别人的家像自己的家一样，谁会盗窃？看待别人就像自己一样，谁会害人？所以盗贼没有了。还有大夫相互侵扰家族，诸侯相互攻伐封国吗？看待别人的家族就像自己的家族，谁会侵犯？看待别人的封国就像自己的封国，谁会攻伐？所以大夫相互侵扰家族，诸侯相互攻伐封国，都没有了。

假若天下的人都相亲相爱，国家与国家不相互攻伐，家族与家族不相互侵扰，盗贼没有了，君臣父子间都能孝敬慈爱，像这样，天下也就治理了。所以圣人既然是以治理天下为职业的人，怎么能不禁止相互仇恨而鼓励相爱呢？因此天下的人相亲相爱就会治理好，相互憎恶则会混乱。所以墨子说"不能不鼓励爱别人"，道理就在此。

【原文】

挟太山以超北海，语人曰："我不能。"是诚不能也。为长者折枝，语人曰："我不能。"是不为也，非不能也。故王之不王，非挟太山以超北海之类也；王之不王，是折枝之类也。老吾老，以及人之老；幼吾幼，以及人之幼。天下可运于掌。《诗》云："刑于寡妻，至于兄弟，以御于家邦。"言举斯心加诸彼而已。故推恩足以保四海，不推恩无以保妻子。古之人所以大过人者，无他焉，善推其所为而已矣。（《孟子·梁惠王上》）

【释义】

要一个人把泰山夹在胳膊下跳过北海，这人告诉人说："我做不到啊。"这是真的做不到。要一个人为老年人折一根树枝这人告诉人说："我做不到啊。"这是不愿意做，而不是做不到。大王您不实行仁政，不是属于把泰山夹在胳膊下跳过北海的一类，是属于为老年人折树枝的一类。尊敬自己的老人，并由此推广到尊敬别人的老人；爱护自己的孩子，并由此推广到爱护别人的孩子。做到了这一点，整个天下便会像在自己的手掌心里运转一样容易治理了。《诗经》说："先给妻子做榜样，再推广到兄弟，再推广到家族和国家。"说的就是要把自己的仁爱之心推广到别人身上去。所以，推广恩德足以安定天下，不推广恩德连自己的妻子儿女都保不了。古代的圣贤之所以能远远超过一般人，没有别的什么，不过是善于推广他们的好行为罢了。

【原文】

伯夷辟纣，居北海之滨，闻文王作，兴曰："盍归乎来？吾闻西伯善养老者。"太公辟纣，居东海之滨，闻文王作，兴曰："盍归乎来？吾闻西伯善养老者。"天下有善养老，则仁人以为己归矣。五亩之宅，树墙下以桑，匹妇蚕之，则老者足以衣帛矣。五母鸡，二母彘，无失其时，老者足以无失肉矣。百亩之田，匹夫耕之，八口之家足以无饥矣。所谓西伯善养老者，制其田里，教之树畜，导其妻子使养其老。五十非帛不暖，七十非肉不饱。不暖不饱，谓之冻馁。文王之民无冻馁之老者，此之谓也。(《孟子·尽心上》)

【释义】

伯夷逃避纣王，住在北海边上，听到周文王兴起的讯息，说："为何不去归附他呢？我听说西伯善于赡养老人。"姜太公逃避纣王，住在东海边上，听到周文王兴起的讯息，说："为何不去归附他呢？我听说西伯善于赡养老人。"天下有善于赡养老人的人，那么愿意与人相互亲爱的人就把他作为自己的归宿。有五亩地的人家，在墙下种植桑树，妇女养蚕，那么老人就可以穿上丝帛了。养五只母鸡，两只母猪，不耽误喂养时机，老人就可以吃上肉了。有百亩田地的人家，男子耕种，八口之家就足以吃饱饭了。所谓周文王善于赡养老人，就是他制定了田亩制度，教导人们种植桑树和畜养家禽，教诲百姓的妻子儿女使他们赡养老人。五十岁的老人不穿丝帛就不暖和，七十岁的老人不吃肉就不饱。吃不饱，穿不暖，叫作忍饥受冻。文王的百姓没有忍饥受冻的老人，说的就是这个意思。

【原文】

凡养老，有虞氏以燕礼，夏后氏以飨礼，殷人以食礼，周人修而兼用之。五十养于乡，六十养于国，七十养于学，达于诸侯。

八十拜君命，一坐再至，瞽亦如之。九十使人受。五十异粮，六十宿肉，七十贰膳，八十常珍，九十饮食不离寝，膳饮从于游可也。六十岁制，七十时制，八十月制，九十日修。唯绞纻衾冒，死而后制。五十始衰，六十非肉不饱，七十非帛不暖，八十非人不暖，九十虽得人不暖矣。五十杖于家，六十杖于乡，七十杖于国，八十杖于朝，九十者，天子欲有问焉，则就其室，以珍从。七十不俟朝，八十月告存，九十日有秩。五十不从力政，六十不与服戎，七十不与宾客之事，八十齐丧之事弗及也。五十而爵，六十不亲学，七十致政。唯衰麻为丧。

有虞氏养国老于上庠，养庶老于下庠。夏后氏养国老于东序，养庶老于西序。殷人养国老于右学，养庶老于左学。周人养国老于东胶，养庶老于虞庠，虞庠在国之西郊。有虞氏皇而祭，深衣而养老。夏后氏收而祭，燕衣而养老。殷人冔而祭，缟衣而养老。周人冕而祭，玄衣而养老。凡三王养老皆引年。（《礼记·王制》）

【释义】

凡招待老人的宴会，虞舜时用燕礼，夏朝时用飨礼，殷朝时用食礼，周朝时遵循古制而三礼兼用。五十岁的老人就可以参加在乡学中举行的敬老宴会，六十岁的老人就可以参加在王宫小学中举行的宴会，七十岁的老人就可以参加在大学举行的宴会。诸侯国也是如此。

人到了八十岁时精力已衰，在拜受君命时只要跪下去连叩两次头就可以了。盲人行动不便，也可照此办理。九十岁的老人则可以让他人代替自己拜受君命。五十岁以上的老人可以不吃粗粮而吃细粮；六十岁以上的老人没有肉就吃不饱，所以要常备有肉；七十岁以上的老人饿得快，要每顿多作一份，以备零食；八十岁以上的老人要常吃珍美的食品；九十岁以上的老人住室里食品不断，无论他走到哪儿，随身都有饮食供应。人到了六十岁，做子女的就要为其准备需要一年时间才能做好的丧葬用品；人到了七十岁，子女就要为其准备需要一季时间才能做好的丧葬用品；人到了八十岁，子女就应为其准备需要一月时间才能做好的丧葬用品；人到了九十岁，子女就应为其准备需要一天时间才能做好的丧葬用品；只有敛尸用的束带、覆盖尸体的单被、殓尸的布囊，死后再做也不迟。人到五十岁就开始衰老，六十岁以后不吃肉就吃不饱，七十岁以后没有丝绵就会感到身上不暖，八十岁以后没有人暖被就感到睡不暖和，九十岁以后虽有人暖被也睡不暖和了。五十岁以后可以挂杖于家，六十岁以后可以挂杖于乡，七十岁以后可以挂杖于国都，八十岁以后可以拄杖上朝，九十岁以后，天子若有事询问，就要派人到他家请教，还要带上好吃的东西。大夫到了七十岁就可以不在朝里等候，八十岁以后，天子要每月派人来问候安康，九十岁以后，天子要每天派人送食物来。平民到了五十岁就不服劳役，六十岁以后就不服兵役，七十岁以后就不再参与应酬宾客的活动，八十岁以后，就连祭祀丧葬这类重要的事也不参与了。五十岁后得到封爵，六十岁后不亲自向别人请教，七十岁后就告老致仕，遇到丧事只要穿上孝服就行，其他礼数全免。

虞舜时在上庠设宴款待国老，在下庠设宴款待庶老。夏朝时在东序设宴款待国老，在西序设宴款待庶老。殷朝时在右学设宴款待国老，在左学设宴款待庶老。周朝时在东胶设宴款待国老，在虞庠设宴款待庶老。虞庠在王城的西郊。虞舜的时代，人们在祭祀时戴"皇"冠，在养老时穿深衣。夏代，人们在祭祀时戴"扮"冠，在养老时穿燕衣。殷朝在祭祀时戴"辱"冠，在养老时穿编衣。周朝在祭祀时戴冕，在养老时穿玄衣。夏、殷、周三代的天子举行养老宴会，都要依据户籍来核实与会老人的年龄。家有八十岁以上老人的，可以有一人被豁免力役之征。家有九十岁老人的，豁免其全家的力役征召。家有残废人、病人必须有他人侍候的，也可以豁免一人的劳役。父母去世，在三年守丧期间不应力役之征。遇到齐衰、大功亲属去世，可以三个月不应力役之征。将从王瓷移居诸侯的家庭，临行之前免役三月；自诸侯移居王瓷的家庭，到达后免役一年。

【原文】

乡饮酒之礼，六十者坐，五十者立侍，以听政役，所以明尊长也。六十者三豆，七十者四豆，八十者五豆，九十者六豆，所以明养老也。民知尊长养老，而后乃能入孝弟。民入孝弟，出尊长养老，而后成教，成教而后国可安也。君子之所谓孝者，非家至而日见之也，合诸乡射，教之乡饮酒之礼，而孝弟之行立矣。孔子曰："吾观于乡，而知王道之易易也。"（《礼记·乡饮酒义》）

【释义】

乡饮酒之礼：六十岁以上的人坐着，五十岁的人站着侍候，听候使唤，这表示对年长者的尊敬。六十岁的人上三个菜，七十岁的人四个菜，八十岁的人五个菜，九十岁的人六个菜，这表示对老人的奉养。百姓懂得尊敬年长者，懂得奉养老人，然后才能在家里孝顺父母、敬事兄长。在家里能够孝顺父母、敬事兄长，到社会上才能尊敬年长的人和奉养老人，然后才能形成教化。形成了教化，然后国家才能安定。君子教导人们做到孝顺父母、敬事兄长的办法，并不是挨家挨户地每天不断地去耳提面命，而是只要在举行乡射礼时把人们召集起来，把乡饮酒礼演示给他们看，就可以培养他们养成孝顺父母、敬事兄长的风气。孔子说："我参观过乡饮酒礼以后，就知道了王者的教化得到推行是很容易的事。"

【原文】

所谓老老者，凡国、都皆有掌老，年七十已上，一子无征，三月有馈肉；八十已上，二子无征，月有馈肉；九十已上，尽家无征，日有酒肉。死，上共棺椁。劝子弟：精膳食，问所欲，求所嗜。此之谓老老。

所谓慈幼者，凡国、都皆有掌幼，士民有子，子有幼弱不胜养为累者，有三幼者无妇征，四幼者尽家无征，五幼又予之葆，受二人之食，能事而后止。此之谓慈幼。

　　所谓恤孤者，凡国、都皆有掌孤，士人死，子孤幼，无父母，所养不能自生者，属之其乡党、知识、故人。养一孤者一子无征，养二孤者二子无征，养三孤者尽家无征。掌孤数行问之，必知其食饮饥寒。身之膌胜，而哀怜之。此之谓恤孤。（《管子·入国》）

【释义】

　　所谓老老，就是在城邑和国都要设有"掌老"的官，规定年在七十以上的老人，一子免除征役，每年三个月有官家所送的馈肉；八十以上的，二子免除征役，每月有馈肉；九十以上的，全家免役，每天有酒肉的供应。这些人死了，君主供给棺椁。还要劝勉他们的子弟：细做饮食，询问老人要求，了解老人的嗜好。这些就叫作"老老"。

　　所谓慈幼，就是在城邑和国都要设有"掌幼"的官，凡士民有幼弱子女，无力供养成为拖累的，规定养三个幼儿即可免除"妇征"，养四个全家免除"妇征"。养五个还配备保姆。官家发给两人份额的粮食。直到幼儿能生活自理为止。这些就叫作"慈幼"。

　　所谓恤孤。就是在城邑和国都要设有"掌孤"的官，规定士民死后，子女孤幼，无父母所养，不能自己生活的，就归同乡、熟人或故旧抚养。代养一个孤儿的，一子免除征役；代养两个，两子免除；代养三个，全家免除。"掌孤"的官要经常了解情况，一定要了解孤儿的饮食饥寒和身体瘦弱情况而进行救助。这些就叫作"恤孤"。

【现代意义】

老人和孩子是社会最需要保护和照顾的群体，既是社会的基本责任，也是社会文明的标志之一。

"老吾老以及人之老"植根于中国的孝道文化。长幼有序、事亲至孝、敬老崇文、尊贤尚德等敬老养老的思想，在中国古代礼制和律法中占据着重要地位，并逐渐形成了中国古代特有的养老习俗与制度，这些思想和制度是中华传统文化的重要组成部分。敬老养老是中华民族的传统美德之一，具有十分重要的精神价值和社会功效。当今社会可以更好地借鉴古代敬老养老之长处，弥补现代敬老养老之短处，不断完善现有的养老体制。

随着人口老龄化社会的来临，传统的家庭养老面临新的挑战，现代社会养老也面临诸多困境，中国在借鉴和继承古代养老制度精华的基础上，不断探索适合现代中国国情的养老之路。现在，中国的养老体系越来越完善，无论是养老保险还是医疗保险，无论农村还是城市，老人都能基本享受到这些物质保障。但如何满足老人的精神需求，尤其是"空巢"老人，精神非常贫乏，还需要我们在传统文化中汲取养料，最重要的是对待老人的态度。因此，要不断完善养老制度设计，改善社会风气，让老年人不仅享受到物质上的舒适，还要感受到精神上的愉悦，保证老年人安享。这是养老的本质内涵，也是理想社会的奋斗目标。

"幼吾幼以及人之幼"植根于中国传统文化的仁爱思想，对现代的抚养孩子和基础教育有着重要的启示意义。无论古代还是现代，孩子的抚养和教育都是重点。现在孩子的抚养、教育都在走向社会化，不少家庭请保姆照顾孩子，孩子很小就上幼儿园，无论保姆还是幼儿园的老师，爱心是第一要求。如果这些从业人员仅仅把照顾孩子看作是一种谋生的手段，或在工作中理性算计，那么虐待孩子就不可避免。因此，学习和继承仁爱思想，在工作中秉持"幼吾幼以及人之幼"的理念，孩子们就会快乐健康成长。农村的留守儿童问题是中国现代化进程中形成的一个社会问题，也是教育发展的一个痛点，政府、社会和个人都应发挥各自的力量，保证他们健康成长。国务院出台的《关于加强农村留守儿童关爱保护工作的意见》，强调要以促进未成年人健康成长为出发点和落脚点，不断健全法律法规和制度机制，强化家庭监护主体责任，加大关爱保护力度，逐步减少儿童留守现象，确保农村留守儿童安全、健康、受教育等权益得到有效保障。这是我们继承和光大优秀传统文化的重要体现，是解决农村留守儿童问题的正确指导思路，应该得到认真贯彻执行。

第二节　损有余以奉不足

【原文】

天之道，其犹张弓与？高者抑之，下者举之，有余者损之，不足者补之。天之道，损有余而补不足；人道则不然，损不足以奉有余。孰能有余以奉天下？唯有道者。是以圣人为而不恃，功成而不处，其不欲见贤。（《老子》第七十七章）

【释义】

自然的规律，不是很像张弓射箭吗？弦拉高了就把它压低一些，低了就把它举高一些，拉得过满了就把它放松一些，拉得不足了就把它补充一些。自然的规律，是减少有余的补给不足的。可是社会的法则却不是这样，要减少不足的，来奉献给有余的人。那么，谁能够减少有余的，以补给天下人的不足呢？只有有道的人才可以做到。因此，有道的圣人这才有所作为而不占有，有所成就而不居功。他是不愿意显示自己的贤能。

老子认识到当时的社会是不公平的：对富人有利对损害穷人利益。所以他主张应该学习天道：限制富人而增加穷人的收入，消除社会的贫富差距，实现整个社会的和谐。

【原文】

是以圣人常善救人，故无弃人；常善救物，故无弃物。（《老子》第二十七章）

【释义】

因此，圣人经常挽救人，所以没有被遗弃的人；

经常善于物尽其用，所以没有被废弃的物品。

老子认为人尽其才，物尽其用是圣人效法天道的结果。

【原文】

子贡曰："如有博施于民而能济众，何如？可谓仁乎？"

子曰："何事于仁，必也圣乎！尧、舜其犹病诸！夫仁者，己欲立而立人；己欲达而达人。能近取譬，可谓仁之方也已。"（《论语·雍也》）

【释义】

子贡说："假若有一个人，广泛地给老百姓以好处，又能帮助大家生活得很好，怎么样？可以算是仁人了吗？"

孔子说："岂止是仁人，简直是圣人了！就连尧、舜或许难以做到。至于仁人，就是自己站得住，也要帮助别人一起站得住；自己过得好，也要帮助别人一起过得好。凡事能就近以自己作比，而推己及人，可以说就是实行仁道的方法了。"

【原文】

王曰："王政可得闻与?"

对曰："昔者文王之治岐也,耕者九一,仕者世禄,关市讥而不征,泽梁无禁,罪人不孥。老而无妻曰鳏,老而无夫曰寡,老而无子曰独,幼而无父曰孤。此四者,天下之穷民而无告者。文王发政施仁,必先斯四者。《诗》云:'哿矣富人,哀此茕独。'"(《孟子·梁惠王下》)

【释义】

王说："可以把王政说给我听听吗?"

孟子回答说:"从前周文王治理岐山的时候,对农民的税率是九分抽一;对于做官的人是给予世代承袭的俸禄;在关卡和市场上只稽查,不征税;任何人到湖泊捕鱼都不禁止;对罪犯的处罚不牵连妻子儿女。失去妻子的老年人叫作鳏夫;失去丈夫的老年人叫作寡妇;没有儿女的老年人叫作独老;失去父亲的儿童叫作孤儿。这四种人是天下穷苦无靠的人。文王实行仁政,一定最先考虑到他们。《诗经》说:'有钱人是可以过得去了,可怜那些无依无靠的孤人吧。'"

鳏寡孤独是社会最弱势的群体,应该社会最先照顾扶助的对象。

【原文】

桓公微服而行于民间，有鹿门稷者，行年七十而无妻。桓公问管仲曰："有民老而无妻者乎？"

管仲曰："有鹿门稷者，行年七十矣而无妻。"

桓公曰："何以令之有妻？"

管仲曰："臣闻之：上有积财，则民臣必匮乏于下；宫中有怨女，则有老而无妻者。"

桓公曰："善。"令于宫中女子未尝御，出嫁之。乃令男子年二十而室，女年十五而嫁。则内无怨女，外无旷夫。（《韩非子·外储说右下》）

【释义】

齐桓公微服出访民间，遇到一个叫鹿门稷的人，年已七十而没有妻子。桓公问管仲说："有年老而没有妻子的人吗？"

管仲说："有个叫鹿门稷的人，年已七十了，却没有妻子。"

桓公说："怎样才能让他有妻子？"

管仲说："我听说：君主有积蓄财物，臣民在下面就一定穷困匮乏；宫中有年长而不能及时出嫁的女子，就会有年老而没有妻子的人。"

桓公说："说得好。"于是下令宫中，让君主没有临幸过的女子出嫁。然后下令，男子二十娶妻，女子十五出嫁。这样宫内就没有年长而不及时出嫁的女子，宫外也没有无妻的成年男子。

【原文】

泉府掌以市之征布。敛市之不售，货之滞于民用者，以其贾买之，物楬而书之，以待不时而买者。买者各从其抵，都鄙从其主，国人郊人从其有司，然后予之。凡赊者，祭祀无过旬日，丧纪无过三月。凡民之贷者，与其有司辨而授之，以国服为之息。凡国事之财用取具焉。岁终，则会其出入而纳其余。（《周礼·地官司徒·泉府》）

【释义】

泉府掌管调剂市场布帛的买卖情况。他们用所征收的市场税款，收购市场上卖不动、滞销而又切于民用的货物，按原价收购，一件一件地加上标签标明价钱，以待急需的人购买。购买者或者从他们的主管官那里，或者从采邑的邑宰那里，或者从国都的或京郊的有关官吏那里开出证明，然后卖给他。凡赊取钱物的，为祭祀而赊取不超过十天归还，为丧事而赊取不超过三个月归还。凡民有贷取钱物的，就同他的主管官一起辨别钱物而授给他，按照国家规定的税率来收取利息。凡国事所需钱物都从泉府支取。年终，计钱物的收支，而缴纳盈余。

【原文】

帝尧王天下之时，金银珠玉不饰，锦绣文绮不衣，奇怪珍异不视，玩好之器不宝，淫佚之乐不听，宫垣屋室不垩，甍桷椽楹不斫，茅茨遍庭不剪。鹿裘御寒，布衣掩形，粝粮之饭，藜藿之羹。不以役作之故，害民耕绩之时。削心约志，从事乎无为。吏忠正奉法者，尊其位；廉洁爱人者，厚其禄。民有孝慈者，爱敬之；尽力农桑者，慰勉之。旌别淑德，表其门闾。平心正节，以法度禁邪伪。所憎者，有功必赏；所爱者，有罪必罚。存养天下鳏、寡、孤、独，振赡祸亡之家。其自奉也甚薄，共赋役也甚寡。故万民富乐而无饥寒之色，百姓戴其君如日月，亲其君如父母。（《六韬·盈虚》）

【释义】

帝尧统治天下时，不用金银珠玉作饰品，不穿锦绣华丽的衣服，不观赏珍贵奇异的物品，不珍视古玩宝器，不听淫佚的音乐，不粉饰宫廷墙垣，不雕饰薨桷椽楹，不修剪庭院中的茅草。以鹿裘御寒，用粗布蔽体，吃粗粮饭，喝野菜汤。不因征发劳役而耽误民众耕织。约束自己的欲望，抑制自己的贪念，用清静无为治理国家。官吏中忠正守法的就升迁其爵位，廉洁爱民的就增加其俸禄。民众中孝敬长者、慈爱晚辈的给予敬重，尽力农桑的予以慰勉。区别善恶良莠，表彰善良人家，提倡心志公平，端正品德节操，用法制禁止邪恶诈伪。对自己所厌恶的人，如果建立功勋同样给予奖赏；对自己所喜爱的人，如果犯有罪行也必定进行惩罚。赡养鳏寡孤独，赈济遭受天灾人祸之家。至于帝尧自己的生活，则是十分俭朴，征收赋税劳役微薄。因此，天下民众富足安乐而没有饥寒之色，百姓拥戴他如同景仰日月，亲近他如同亲近父母。

【原文】

太公曰："天下非一人之天下，乃天下之天下也，同天下之利者，则得天下；擅天下之利者，则失天下。天有时，地有财，能与人共之者，仁也。仁之所在，天下归之。免人之死，解人之难，救人之患，济人之急者，德也。德之所在，天下归之。与人同忧同乐，同好同恶者，义也。义之所在，天下赴之。凡人恶死而乐生，好德而归利，能生利者，道也。道之所在，天下归之。"（《六韬·文师》）

【释义】

太公回答说："天下不是一个人的天下，而是天下所有人共有的天下。能同天下所有人共同分享天下利益的，就可以取得天下；独占天下利益的，就会失掉天下。天有四时，地有财富，能和人们共同享用的，就是仁爱。仁爱所在，天下之人就会归附。免除人们的死亡，解决人们的苦难，消除人们的祸患，解救人们的危急，就是恩德。恩德所在，天下之人就会归附。和人们同忧同乐，同好同恶的，就是道义。道义所在，天下之人就会争相归附。人们无不厌恶死亡而乐于生存，欢迎恩德而追求利益，能为天下人谋求利益的，就是王道。王道所在，天下之人就会归附。"

【现代意义】

改革开放以来，中国取得了长足进步和辉煌成就，但社会贫富差距拉大的问题也突出地反映出来。2000 年公布的基尼系数是 0.412，到 2008 年则达到 0.491，之后虽然慢慢回落，到 2014 年为 0.469，但依然在警戒线 0.4 以上。就社会心理而言，人们对社会贫富差距拉大极为不满，已经成了社会不稳定的重要隐患。对此问题，党和国家高度重视，采取了一系列措施予以解决。在这方面，传统文化的"损有余以奉不足"的思想，也具有一定的借鉴和启示意义。

解决贫富差距拉大的问题，首先要重视这个问题，认识这个问题的巨大危害性。老子说："天之道，其犹张弓与？高者抑下，下者举之，有余者损之，不足者补之。"在老子看来，只有弓拉得合适，箭才能射得准、射得远。合适是什么？就是遵循自然之道，就是各方力量的均衡。人类社会在贫富差距上也存在着一定的均衡，破坏了这个均衡，社会就会失序，均衡破坏得越严重失序就会越严重。如果贫富差距过大，就会损害人们的公平正义感，滋生社会的不满情绪，引发社会心理失衡和不稳定。比如，诱发违法犯罪活动，危害人民的生命财产安全，恶化社会治安形势；导致社会结构失衡甚至畸形化发展，激化阶层矛盾，严重时甚至会造成社会对立与冲突动荡；影响社会制度的公正和权威，削弱国家的凝聚力，严重时甚至会危害国家安全和统一。所以，认识贫富差距问题一定要从历史发展规律的高度来认识、来重视。

其次，在消除贫富差距拉大的具体措施上，也可以借鉴古人的思想。一是坚定实现共同富裕的目标，这不仅是大同社会的理想，也是中国特色社会主义的核心奋斗目标。二是建立健全公平合理的收入分配机制，不能人为地制造不应有的贫富差距。老子说："天之道，损有余而补不足。人之道，则不然，损不足以奉有余。"讲的就是人们不遵循自然法则而制造了不公平、不合理。

第三节　救急扶困

【原文】

子华使于齐，冉子为其母请粟。子曰："与之釜。"请益。曰："与之庾。"冉子与之粟五秉。

子曰："赤之适齐也，乘肥马，衣轻裘。吾闻之也：君子周急不继富。"

原思为之宰，与之粟九百，辞。子曰："毋！以与尔邻里乡党乎。"（《论语·雍也》）

【释义】

子华出使齐国，冉求替他的母亲向孔子请求补助一些谷米。孔子说："给他六斗四升。"冉求请求再增加一些。孔子说："再给他二斗四升。"冉求却给他八十斛。孔子说："公西赤到齐国去，乘坐着肥马驾的车子，穿着又暖和又轻便的皮袍。我听说过，君子只是周济急需救济的人，而不是周济富人的人。"

原思给孔子家当总管，孔子给他俸米九百，原思推辞不要。孔子说："不要推辞。（如果有多的）给你的乡亲们吧。"

孔子主张"君子周急不济富"，这是从儒家"仁爱"思想出发的。孔子的"爱人"学说，并不是狭隘的爱自己的家人和朋友，而带有一定的普遍性。周济的只是穷人而不是富人，他的思想符合人道主义。

【原文】

有力者疾以助人，有财者勉以分人，有道者劝以

教人。若此，则饥者得食，寒者得衣，乱者得治。若饥则得食，寒则得衣，乱则得治，此安生生。(《墨子·尚贤下》)

【释义】

有力气的赶快助人，有钱财的努力分人，有道的人勉力教人。如此，饥饿的人就可以得到食，寒冷的人就可以得到衣，混乱的就可以得到治理。如果饥饿的人可以得到食，寒冷的人可以得到衣，混乱的可以得到治理，这就可以使人各安其生。

【原文】

死徙无出乡，乡田同井，出入相友，守望相助，疾病相扶持，则百姓亲睦。(《孟子·滕文公上》)

【释义】

死葬和搬迁都不离开本乡范围，乡里的田都要同样是井田制，人们出入劳作时相互伴随，抵御盗寇时互相帮助，有疾病事故时互相照顾，这样百姓就友爱和睦了。

【原文】

五疾，上收而养之，材而事之，官施而衣食之，兼覆无遗。(《荀子·王制》)

【释义】

聋、哑、瘸、断手的人和侏儒，君主收留并养活他们，根据才能使用他们，根据职事安排供给他们吃穿，全部加以照顾而不遗漏。对那些用才能和行为来反对现行制度的人，坚决处死，决不赦免。这叫作天一般的德行，是成就王业的圣王所采取的政治措施。

【原文】

少而无父者谓之孤，老而无子者谓之独，老而无妻者谓之矜，老而无夫者谓之寡。此四者，天民之穷而无告者也，皆有常饩。瘖、聋、跛、躃、断者、侏儒、百工，各以其器食之。(《礼记·王制》)

【释义】

年幼即失去父亲的人叫作孤，老了却失去儿子的人叫作独，年老而失去妻子的人叫作矜，年老而失去丈夫的人叫作寡。这四种人，是世界上最可怜而又求告无门的人，国家对他们有经常性的生活补贴。哑巴、聋子、一足瘸者、两足俱废者、肢体残缺者、躯体矮小者以及各种手艺人，这些人都靠着干点力所能及的工作由国家养活他们。

【原文】

遗人掌邦之委积，以待施惠。乡里之委积，以恤民之囏阨；门关之委积，以养老孤；郊里之委积，以待宾客；野鄙之委积，以待羁旅；县都之委积，以待凶荒。凡宾客、会同、师役，掌其道路之委积。凡国野之道，十里有庐，庐有饮食；三十里有宿，宿有路室，路室有委；五十里有市，市有候馆，候馆有积。凡委积之事，巡而比之，以时颁之。（《周礼·地官司徒·遗人》）

【释义】

遗人掌管王国的委积，以待（向民）施恩惠。乡里的委积，用以救济乡民中饥饿困乏的人；门关的委积，用以抚养（为国事而死者的）父母和孩子，郊里的委积，用以供给（出入王都的）宾客；野鄙的委积，用以供应寄居的旅客；县都的委积，用以防备灾荒。凡有接待宾客、会同、征伐、劳役等事，掌管道路所需的委积。凡国都中和野外的道路，每十里设有庐，庐中备有饮食；每三十里设有宿，宿处有路室，路室有委；每五十里有集市，集市有候馆，候馆有积。凡有关委积的事，加以巡视查核，按时颁布有关委积的政令。

【原文】

郑子展卒，子皮即位。于是郑饥而未及麦，民病。子皮以子展之命，饩国人粟，户一钟，是以得郑国之民。故罕氏常掌国政，以为上卿。宋司城子罕闻之，曰："邻于善，民之望也。"宋亦饥，请于平公，出公粟以贷。使大夫皆贷。司城氏贷而不书，为大夫之无者贷。宋无饥人。叔向闻之，曰："郑之罕，宋之乐，其后亡者也！二者其皆得国乎！民之归也。施而不德，乐氏加焉，其以宋升降乎！"（《左传·襄公二十九年》）

【释义】

郑国的子展死，子皮即位为上卿。当时郑国有饥荒而还没有到麦收，百姓很困乏。子皮用子展的遗命把粮食赠给国内的人们，每户一钟，因此得到郑国百姓的拥护。所以罕氏经常掌握国政，作为上卿。宋国的司城子罕听到了，说："接近于善，这是百姓的期望。"宋国也发生了饥荒，司城子罕向宋平公请求，拿出公家的粮食借给百姓，让大夫也都出借粮食。司城氏借出粮食不写契约，又替缺少粮食的大夫借给百姓。宋国没有挨饿的人。叔向听说了这件事，说："郑国的罕氏，宋国的乐氏，大约是最后灭亡的啊，两家恐怕都要掌握政权吧！这是因为百姓归向他们的缘故。施舍而不自以为给人恩惠，乐氏就更高出一筹了，这一家大概是会随着宋国的盛衰而升降吧！"

【原文】

蓬生麻中，不扶自直，白沙在泥，与之皆黑；是故人之相与也，譬如舟车然，相济达也。己先则援之，彼先则推之。是故，人非人不济，马非马不走，土非土不高，水非水不流。（《大戴礼记·曾子制言上》）

【释义】

蓬生长在麻丛中，自然会长直，白沙在黑泥里，也会变成黑色。所以人必须要相互帮助扶持，如同车船行走一样，自己领先就拉一下其他的，自己落后就让人推一下，所以，人要靠人相互扶持才能通达，马和牛走不到一起，土靠土才能堆高，水靠水才能形成河流。

【原文】

孔子在齐，齐大旱，春饥。景公问于孔子曰："如之何?"孔子曰："凶年则乘驽马，力役不兴，驰道不修，祈以币玉，祭礼不悬，祀以下牲。此贤君自贬以救民之礼也。"（《孔子家语·曲礼子贡问》）

【释义】

孔子在齐国的时候，齐国大旱，春季出现了饥荒。齐景公问孔子说："怎么办呢?"孔子说："遇到灾荒年景，出门乘坐要用劣马，不兴劳役，不修驰道，国君有所祈祷，用币和玉，不用牲畜，祭祀不奏乐，祭祀用的牲畜也用次等的。这是贤明君主自己降低等级以拯救民众的礼啊!"

【原文】

然，夫天地生凡财物，已属于人，使其无根，亦不上著于天，亦不下著于地。物者，中和之有，使可推行，浮而往来，职当主周穷救急也。夫人畜金银珍物，多财之家，或亿万种以上，畜积腐涂，如贤知以行施予，贫家乐，名仁而已，助地养形，助帝王存良谨之民。

夫亿万之家，可周万户，予陈收新，毋疾利之心，德洽天地，闻于远方，尚可常得新物，而腐涂者除去也。其中大贤者，乃日奏上其功于帝王；其中小贤，日举之于乡里、其中大愚人不偿报恩者，极十有两三耳，安能使人大贫哉？

为善不止，大贤深明举之，名闻国中，四海人道之者塞道，明王圣主闻之，见助养民大喜，因而诏取，位至鼎辅，因是得尊贵，世世无有解已，尚为大仁，天下少有，上不负先祖，下不负于子孙，天地爱之，百神利之，帝王待之若明友，比邻示之若父母。功著天地，不复去也；禄著官位，不复贱也；名著万民，不复灭也，夫仁可不为乎哉！

或有遇得善富地，并得天地中和之财，积之乃亿亿万种，珍物金银亿万，反封藏逃匿于幽室，令皆腐涂。见人穷困往求，骂詈不予；既予，不即许，必求取增倍也，而或但一增，或四五乃止，赐予富人，绝去贫子，令使其饥寒而死，不以道理，反就笑之，与天为怨，与地为咎，与人为大仇，百神憎之。

所以然者，此财物乃天地中和所有，以共养人也，此家但遇得其聚处，比若仓中之鼠，常独足食，此大仓之粟，本非独鼠有也；少内之钱财，本非独以给一人也，其有不足者，悉当从其取也。愚人无知，以为终古独当有之，不知乃万尸之委输，皆当得衣食于是也。爱之反常怒喜，不肯力以周穷救急，令使万家之绝，春无以种，秋无以收，其冤结悉仰呼天，天为之感，地为之动。不助君子周穷救急，为天地之间大不仁人。（《太平经·丁部之十六（卷六十七）·六罪十治诀第一百三》）

【释义】

天地一旦生成了世间财物，就完全归属于世人，财物没有根系，上不着天，下不入地。所谓财物，就属于阴阳中合的人类所有，应该运转流通，浮游往返，担当周济穷人、解救危困的职责。人们积蓄金银财宝，富贵人家，有的达亿万以上，有些财宝都朽烂成泥。这些人如果贤明理智，就应该进行施舍，使缺衣少食的贫困人家得到救济而感到快乐，像这种行为便可以称之为"仁"，它能帮助大地养长万物使之成形，帮助帝王保全善良忠谨之民。

那些有亿万资财的富足人家，可以周济千万户贫民，取出家中储存的陈旧之物，还可以再获取新的东西。但绝不要存有牟取暴利之心。让仁德遍施于普天之下，闻名远近，这也经常可以得到新物，得到各种回报，而去掉的却只是将要腐烂成泥的东西。其中大贤之人，每天都要将他们的功德上奏于帝王。小贤之人，每天都要将他们的德行在乡里进行宣传。而得到施舍却又不知恩图报的大愚之人，最多也不过十分之二三，他们又能怎么样呢？行善不止的人，受到大贤明之人的广泛宣传、荐举，蜚声四海，天下之人无不交口称誉。明王圣君听见了他们的事迹，知道这些人是在帮助自己抚养人民，定当大喜，必下诏召入京城，授予官职，位至三公，荣华富贵，世世代代都官居高位，这就成为天下少有的"大仁"之人。上不辱先祖，下不负子孙，天地爱重他，众神福佑他，帝王像朋友般地对待他，邻居把他视如父母。功德显赫，永存天地，不再消失；得高官厚禄，不再卑贱；享誉万民，名声永存。这种仁德之举难道可以不为吗？

有的人偶然居住在有福的风水之地，并积累了亿万钱财，其中金银财宝、奇珍异物不计其数，但他们把这些财宝封存起来藏匿于暗室地窖，使之朽烂成泥。见有穷困之人前来求助，不仅不给予，而且还辱骂来人；即使想给予，也不立即答应，而是要求取高利息。有的加利息为一倍，有的为四五倍。这样实际上只是把财物给予有偿还能力的人，而拒绝给予一贫如洗的穷人，使那些穷人饥寒交迫而死，不以仁爱来对待他们，反而嘲笑他们。因此与天结下怨仇，对地犯下罪过，与世人结下仇恨，众神都憎恨这样的人。之所以如此，是因为这些财物本是天地中和之气所生所有，是用来供养世人的。这些人只是偶然遇上了财物聚积的地方，就好比谷仓中的老鼠，经常自己吃得饱饱的。但这大仓中的谷物，本来就不独是老鼠所有。私家小户的钱财，本来就不只是给予一家一人的。那些衣食不足的人，都应当从这里领取。愚昧世人不懂得这些道理，以为永远都应该是他独自占有，不知道这些钱财乃是千家万户共同积累，都应当从这里得到衣食。吝惜财物，喜怒无常，不肯尽力周济穷人、解救急难，致使万家困乏，春天没有种子，秋天没有收获，他们冤屈痛苦，仰天号呼。天地因之感应惊动。这些不帮助君王周济穷人、解救危难的人，就是天地间"大不仁"的人。

穷人们祭祀神灵，以求得神灵保佑，神灵憎恶那些不肯周穷救急的为富不仁之人，就要使他们断子绝后。乡里邻居也祷告诅咒，要使他们早死。盗贼得知，也举起兵器，前往打劫，攻打他们的房屋门窗，全家人被围困、被置于死地，被斩尽杀绝。此时，他们还是不肯把财物拿出来施予穷人，反而将财宝深埋在地下，企图让外人永远不知道。这样埋没天下财物，致使地上之人缺乏财用。他们的这种行为是往地里填塞异物，使地增加赘生物，因此，天非常憎恨，地也十分厌恶，认为他们是天地间的大祸患。中和之财物因此日益减少，导致衣食不足、饥寒而死者不断增多，这些人从而与世人结下深仇。

天喜欢道，地喜欢德，中和之人喜欢仁。世间万物应当存在于天下地上，流通周转以满足世人的需要。而今却被埋藏起来，无声无息埋入地下，不能被世人所见。天乐于创生人，地乐于养长人，天与地本身并不想得到财物，无知小人现在阻塞天地中和之财物，使之不能周转流通，损害天之所生，残害地之听养。无缘无故埋藏这些财物，使国家贫乏，缺少财用，不能解民之危，救人之命，使有德之君财政空虚。作为金银财宝、奇珍异物、钱财物品的形成，乃世人劳动积累，确实辛苦劳累，本当为国家用于人民，现在却被这些人无故抛弃，既不上贡，又不赐下，虽然把它们埋入地下，但地又不乐于得到，而且以为这种行为是大祸患，因为往地里埋藏物件，使地增加赘生物。这些愚蠢之人这样不仁，犯下如此大罪，难道不应该死吗？

其中还有一些无所顾忌、贪得无厌的人，恶人先告状，通过打官司来巧取豪夺贫弱少小之家的财物，真是贪得无厌，不知就此为止。我只是见人愚暗，才为你们列举其大要，以见其本由。大不仁之人的罪过很多，数不胜数，不可胜记。只是说得太多也难以有效用，应该深思这些问题。天、地、中和三气都憎恶这些人，他们即使死了也还有未能赎尽的余罪，会遗留下来殃及后代。

《太平经》是黄老道的主要经典。关于该书作者，今已不可考。据史料记载，原书本为170卷，但今本仅存57卷。《太平经》作为道教的著作，是以黄、老、列、庄的道家思想为核心的。但是它成书于东汉中晚期，所以书中的思想也受到当时的儒家思想以及神仙方术的影响。《太平经》是道家从老庄思想演化为宗教的重要文献，主要是把阴阳五行和老庄结合，同时又披上了神话的外衣。《太平经》内容驳杂，涉及天地、阴阳、五行、十支、灾异、神仙等，对道教教义的发展有深远的影响，在道教思想史上有着极其重要的地位。

【现代意义】

在现代社会，社会救助和个人慈善事业是重要的社会事业。社会救助是国家和其他社会团体，对遭受自然灾害、失去劳动能力或者其他低收入公民给予物质帮助或精神救助，以维持其基本生活需求，保障其生活的各种措施。个人慈善事业是人们在没有外来压力的情况下，自愿地奉献爱心与援助行为，从事扶弱济贫的一种社会事业。社会救助和个人慈善在调整社会资源分配和再分配，实现社会公平，维护社会稳定，构建社会主义和谐社会等方面发挥着重要的和不可替代的作用。传统文化中关于救济扶困的思想和制度十分丰富，但也有许多局限性，现代社会的救助和慈善事业要从中获得思想资源和制度启示，就要注意克服其固有的缺陷，承继其精华。

首先，要突破儒家仁爱的局限性，将爱心推向陌生人。儒家仁爱思想虽然有"天下一家，中国一人"的表述，但依然有着浓厚血亲关系的味道，因而在实际的救助、慈善活动中，往往只局限在亲人之间，或者再进一步推向亲戚、朋友、同乡，一般止于熟人，致使许多陌生的、需要被救助的对象得不到帮助，表现出狭隘性。在现代救助制度和慈善事业中，既要将儒家"天下一家，中国一人"的理念光大，又要注意不以血亲来作为推进这些事业的论据，努力使中国现代救助和慈善事业在观念和实践中，体现出不分民族、种族、肤色、性别等的无差别的开放性的特点，实现对陌生"他者"的慈善救助，真正体现一种大爱精神。

其次，政府的救助制度要公开、公平、公正，面向所有的公民，要将社会救助看作是公民的权利，而不是政府的"恩赐"。在传统社会，社会救助依靠君主和官员的德性而不是制度保障，且君主和官员的救助多是从巩固阶级统治、收拢人心的角度出发，所以历史上社会救助对象和效果都很有限。现代社会救助制度一定要摒弃这些陈腐的错误观念，真正把救助作为政府应尽的责任，作为公民应该享有的基本权利，而不是政府的恩赐和个人的乞讨；社会救助依靠法律和制度来保证，保证每个需要救助的人都得到救助，而不受领导者个人好恶的影响。

再次，社会救助和个人慈善不能只限于物质上的帮助和救济，还要有精神上的、教育上的、就业上的等各个方面，最终使帮扶对象能自尊、自立、自强，而且还有能力帮扶别人。

第四节　均田薄赋　衣食无忧

【原文】

民之饥，以其上食税之多，是以饥。民之难治，以其上之有为，是以难治。人之轻死，以其上求生之厚，是以轻死。夫虽无以生为者，是贤于贵生。(《老子》第七十五章)

【释义】

人民所以遭受饥荒，就是由于统治者征收的赋税太多，所以人民才陷于饥饿。人民之所以难于统治，是由于统治者政令烦苛，劳役繁重，所以人民就难于统治。人民之所以轻生冒死，是由于统治者为了奉养自己，把民脂民膏都搜刮净了，所以人民觉得死了不算什么。只有不去追求生活享受的人，才比过分看重自己生命的人高明。

【原文】

丘也闻有国有家者，不患寡，而患不均；不患贫，而患不安。盖均无贫，和无寡，安无倾。(《论语·季氏》)

【释义】

我听说，对于有邦国诸侯和有采邑的大夫，不怕贫穷，而怕财富不均；不怕人口少，而怕不安定。由于财富均了，也就没有所谓贫穷；大家和睦，就不会感到人少；安定了，也就没有倾覆的危险了。

【原文】

夫仁政，必自经界始。经界不正，井地不均，谷禄不平，是故暴君污吏必慢其经界。经界既正，分田制禄可坐而定也。夫滕，壤地褊小，将为君子焉，将为野人焉。无君子，莫治野人；无野人，莫养君子。请野九一而助，国中什一使自赋。卿以下必有圭田，圭田五十亩，馀夫二十五亩。死徙无出乡，乡田同井，出入相友，守望相助，疾病相扶持，则百姓亲睦。方里而井，井九百亩，其中为公田。八家皆私百亩，同养公田。公事毕，然后敢治私事，所以别野人也。此其大略也。若夫润泽之，则在君与子矣。（《孟子·滕文公上》）

【释义】

所谓爱民政策，必须从分清田土的经纬之界着手。经纬之界不正，井田就不会平均，作租税的俸禄就不会公平。所以残暴的国君和贪官污吏必然是不重视田土的经纬之界。田土的经纬之界一旦划分正确，怎样分配田土和俸禄就可以坐下来议定了。而滕国，虽然土地狭小，但一样要有官员，一样要有在田野里耕田的农民。没有官员，就没有办法管理农民，没有农民，也就没有办法养活做官员的君子。希望你们在田野上实行九分抽一的助法，在都城中实行十分抽一的税法让人们自行交纳。国卿以下的官员必须要有供祭祀用的田土，这供祭祀用的田土为五十亩；其余的人给田土二十五亩。死葬和搬迁都不离开本乡范围，乡里的田都要同样是井田制，人们出入劳作时相互伴随，抵御盗寇时互相帮助，有疾病事故时互相照顾，这样百姓就友爱和睦了。方圆一里为一个井田，一个井田为九百亩，中间一块田土为公田，八家各以一百亩为私田，但要共同料理好公田；把公田的事办完了，然后才能做私事，这就是区别农民的办法。这只是一个大概情况，至于怎样更健全和完善，就要靠国君和你了。

【原文】

尊贤使能，俊杰在位，则天下之士皆悦，而愿立于其朝矣；市，廛而不征，法而不廛，则天下之商皆悦，而愿藏于其市矣；关，讥而不征，则天下之旅皆悦，而愿出于其路矣；耕者，助而不税，则天下之农皆悦，而愿耕于其野矣；廛，无夫里之布，则天下之民皆悦，而愿为之氓矣。信能行此五者，则邻国之民仰之若父母矣。率其子弟，攻其父母，自有生民以来未有能济者也。如此，则无敌于天下。无敌于天下者，天吏也。然而不王者，未之有也。（《孟子·公孙丑上》）

【释义】

尊重贤才使用能干的人，英俊豪杰在位，那么天下的士子们都会喜悦，就会愿意在这样的朝廷里供职；在市场上，出租房屋而不征税，有法而不针对房屋，那么天下的商人们都会喜悦，从而愿意将货物屯藏在这样的市场；在关卡上，仅是查问而不征税，那么天下的旅客们都会喜悦，从而愿意出入于这样的道路；从事农业的人，只需助耕井田制中的公田而不课以租税，那么天下的农民们都会喜悦，从而愿意耕种这样的土地；房屋，没有划成区域后再分散，那么天下的老百姓都会喜悦，从而愿意成为这里的居民。如果能做到这五点，那么邻国的人民，就会像对父母一样敬仰。而率领儿女们，攻打父母亲，自有人类以来，是没有人会这样做的。就这样，就会无敌于天下。天下无敌的人，是代表上天管理人民的官员，若是还不能称王行王道，那是没有的事。

【原文】

古者公田藉而不税。市廛而不税。关讯而不征。林麓川泽，以时入而不禁。夫圭田无征。用民之力，岁不过三日。田里不粥，墓地不请。

司空执度度地，居民山川沮泽，时四时，量地远近，兴事任力。凡使民，任老者之事，食壮者之食。（《礼记·王制》）

【释义】

在古代，农户帮助耕种公田，私田就不再纳税；在市场上租用了公家的店铺，就不再交纳商品营业税，水陆关口，只稽查是否违禁，并不征收进出关税；在规定的时间里进入山林川泽采伐渔猎，就不加禁止。余夫耕种卿大夫的圭田也不抽税。征用老百姓从事无偿服务，一年不能超过三天。公家分配的农田和宅地不准出卖。公家分配的有族葬墓地，不准额外再要。

司空负责用工具测量土地，安置人民，观测山川沼泽的不同地势，测定四季气候的变化，测量土地的远近，然后才大兴土木征用民力。凡征用民力，活不能太累，要像给老年人分配任务那样；伙食标准却要按照棒劳力对待。

【原文】

什一者，天下之中正也。什一行而颂声作矣。颂声者，大平歌颂之声，帝王之高致也。《春秋》经传数万，指意无穷，状相须而举，相待而成。至此独言颂声作者，民以食为本也。夫饥寒并至，虽尧、舜躬化，不能使野无寇盗；贫富兼并，虽皋陶制法，不能使强不陵弱，是故圣人制井田之法而口分之。(《公羊传注疏·宣公十五年》)

【释义】

十抽一的税法，是天下公正公平的税法。君主实行十抽一的税法，民间就会出现歌颂君主的声音。歌颂君主的声音，也就是歌颂太平之世的声音，帝王治理水平达到很高才能出现。《春秋》经文和传文几万字，包含的微言大义无穷无尽，经文的描写和传文的解释必须同时出现，相互说明。在这里独自说到歌颂的声音出现，是因为民以食为本。如果饥饿和寒冷来到，即使是尧舜亲自来治理，也不能使小偷和强盗消失；如果富人允许富人兼并穷人的土地，即使是皋陶执行法律，也不能使富人、强者欺凌穷人、弱者。所以圣人制定井田制，按照人口分给土地。

【原文】

五帝三王之治天下，不敢有君民之心，什一而税，教以爱，使以忠，敬长老，亲亲而尊尊，不夺民时，使民不过岁三日，民家给人足。(《春秋繁露·王道》)

【释义】

古代三皇五帝治理天下，不敢有压迫剥削人民的心思，实行十抽一的赋税，教导人民仁爱，做事时要忠诚，尊敬老人，热爱亲人，尊敬官员，不在农忙时抽人服劳役，让人民服劳役一年不超过三天，那么人民就会生活满足。

【原文】

一市之博，百步之地可容万人，四方必有屋，市官皆居之，所以平物价，收滞货，禁争讼，是决不可阙。故市易之政，非官专欲取利，亦所以为民。百货亦有全不售时，官则出钱以留之，亦有不可买时，官则出而卖之，官亦不失取利，民亦不失通其所滞而应其所急。(《经学理窟·周礼》)

【释义】

一个市场非常大，方圆百步的地方就能容纳上万人，周围必须有房屋，管理市场的官员就居住在里面。他们平衡物价，收购卖不出去的货物，处理纠纷，禁止争斗，是不能或缺的。所以市场贸易的管理，并不是政府要谋取利益，而是为了百姓。当货物不能及时出售时，政府出钱购买储存起来，当市场供不应求是再出售，这样政府也会得到一定的好处，而民众也能在供过于求和供不应求时不受损失。

市场自身有其缺陷，需要政府的管理，但政府管理市场并不是为了牟利，而是为了市场的有序和百姓得利，这对我们当下建立和完善社会主义市场经济依然有启发作用。

【现代意义】

在传统文化特别是儒家思想中，均田薄赋是仁政的基本内容。在传统农业社会，土地是最基础、最重要的生产要素，要实现老百姓安居乐业的生活，农民获得一定的土地进行耕种是首先必须满足的条件。有了土地，农民才能积极、安心地生产；收取薄赋，农民的生活才能有保障，社会才能安定。在当今中国，土地依然是最为重要的生产资料之一，但农业生产在整个国民经济中的地位，已经从传统的自然经济中的至高无上的地位上降低。在工业化、自动化、智能化全面发展的时代，国家发展已经不再主要依靠农业的发展了，甚至免除了农业税。但是均田薄赋，减轻农民的各方面负担，使他们衣食无忧，生活水平得到稳步提升，依然是国家管理的基本任务，也是需要很好继承的优秀传统文化思想。

比如，我国现行的农村联产责任承包制，使农民获得了土地，但现代农业又要求土地集约化生产，因此，土地流转就成为农村改革难以回避的重要问题。目前，土地流转尚处于探索中，其方式可以灵活，但必须坚持一个基本的原则，就是要保证农民的主体地位，让农民真正当家做主，让农民在土地流转的改革实践中有充分的发言权，确保土地流转后农民的利益不受损害，而且获益更大。这就是继承和弘扬优秀传统文化的生动范例。

再比如，农业现代化意味着更多的农民将因失去土地而进城工作，也就是现在大量的农民工。国家在农民工市民化的过程中必须提供必要的保障，在户籍、教育、医疗、社会保障等方面给予农民工和市民一样的权利，使他们融入所工作、贡献的城市。同时，尽量在公共服务和公共福利方面，破除城乡二元制结构，使广大农民过上安居乐业的生活。

第五章
殊途同归　大道有容

　　中国传统思想主要有儒、释、道三家。儒家追求现实世界的治理，大同世界是他们追求的目标；道家早期和儒家一样，也追求社会的治理，但同时也注意养身，后期发展为道教，成神成仙是他们的目标；佛教源自印度，经过中国文化的消化吸收，成为中国文化的一部分，他们的目标是成佛，摆脱六道轮回，进入极乐净土世界。这是他们的主要区别，实际上他们也有相通相连之处，道家的理想世界是"至德之世"，在至德之世中，为政者应效法天道，自然无为，人与人、人和万物的关系简单而和谐；道教虽主张"抗命逆修"，追求肉体的长生不老，成神成仙，但也致力于"慈同齐爱，异骨成亲，国泰民安，欣乐太平"的"太平社会"的构建；佛教主张涅槃寂静，以登极乐净土世界，但后来经过中国化的改造，主张"前念迷即凡，后念迷即悟"，"放下屠刀，立地成佛"，在迷悟顷刻之间把西方极乐净土世界转换成当下的"人间佛国"。因此，无论是主张入世的儒家也好，还是主张出世的佛教、道教也好，其实没有绝对的入世和出世之分，也没有绝对的此岸和彼岸之别，总是在入世之中有超越的理想，在出世之中有现实的关怀。在入世和出世之间，它们一同营造了中华民族的理想社会之梦，这些理想社会的模型如不同的音符，共同谱写了"大同"的乐章。

第一节　至德之世

【原文】

小国寡民，使有什佰之器而不用，使人重死而不远徙。虽有舟舆，无所乘之；虽有甲兵，无所陈之。使民复结绳而用之。甘其食，美其服，安其居，乐其俗，邻国相望，鸡犬之声相闻，民至老死，不相往来。(《老子》第八十章)

【释义】

使国家变小，使人民稀少。即使有各种各样的器具，却并不使用；使人民重视死亡，而不向远方迁徙；虽然有船只车辆，却不必每次坐它；虽然有武器装备，却没有地方去布阵打仗；使人民再回复到远古结绳记事的自然状态之中。国家治理得好极了，使人民吃得香甜，穿得漂亮、住得安适、过得快乐。国与国之间互相望得见，鸡犬的叫声都可以听得见，但人民从生到死，也不互相往来。

小国寡民是老子所描绘的理想社会，它反映了中国古代社会自给自足的生活方式。老子幻想着回复到没有压迫、没有剥削的原始社会时代，在那里，没有文化，没有战争和掠夺，也没有凶悍和恐惧。这种单纯的、质朴的社会，是对古代农村生活理想化的描绘。

【原文】

彼民有常性，织而衣，耕而食，是谓同德；一而不党，命曰天放。故至德之世，其行填填，其视颠颠。当是时也，山无蹊隧，泽无舟梁；万物群生，连属其乡；禽兽成群，草木遂长。是故禽兽可系羁而游，鸟鹊之巢可攀援而窥。夫至德之世，同与禽兽居，族与万物并，恶乎知君子小人哉！同乎无知，其德不离；同乎无欲，是谓素朴；素朴而民性得矣。(《庄子·马蹄》)

【释义】

黎民百姓有他们固有不变的本能和天性，织布而后穿衣，耕种而后吃饭，这就是人类共有的德行和本能。人们的思想和行为浑然一体没有一点儿偏私，这就叫作任其自然。所以上古人类天性保留最完善的时代，人们的行动总是那么持重自然，人们的目光又是那么专一而无所顾盼。正是在这个年代里，山野里没有路径和隧道，水面上没有船只和桥梁，各种物类共同生活，人类的居所相通相连而没有什么乡、县差别，禽兽成群结队，草木自由地生长。因此禽兽可以用绳子牵引着游玩，鸟鹊的巢窠可以攀登上去探望。在那人类天性保留最完善的年代，人类跟禽兽同样居住，跟各种物类相互聚合并存，哪里知道什么君子、小人呢！人人都蠢笨而无智慧，人类的本能和天性也就不会丧失；人人都愚昧而无私欲，这就叫作"素"和"朴"。能够像生绢和原木那样保持其自然的本色，人类的本能和天性就会完整地留传下来。

【原文】

昔者神农之治天下也，神不驰于胸中，智不出于四域，怀其仁诚之心。甘雨时降，五谷蕃植，春生夏长，秋收冬藏。月省时考，岁终献功，以时尝谷，祀于明堂。明堂之制，有盖而无四方，风雨不能袭，寒暑不能伤，迁延而入之，养民以公。其民朴重端悫，不忿争而财足，不劳形而功成。因天地之资而与之和同，是故威厉而不杀，刑错而不用，法省而不烦。故其化如神。其地南至交阯，北至幽都，东至旸谷，西至三危，莫不听从。当此之时，法宽刑缓，囹圄空虚，而天下一俗，莫怀奸心。（《淮南子·主术训》）

【释义】

过去神农氏治理天下，精神沉静而不躁动驰骋于胸中，智慧藏匿而不显露于身外，只怀着一颗仁爱真诚之心。因而自然界甘雨及时降落，五谷繁茂生长，春生夏长，秋收冬藏。按月检查，每季考察，到年底向祖宗神灵汇报丰收成功的喜讯，按季节尝吃新谷，在明堂祭祀祖宗神灵。明堂的建制式样，有天穹一样的圆形顶盖而无四面墙壁，但风雨却不能侵袭，寒暑也不能伤害。每当祭祀祖宗神灵时，怀着公心养育民众的神农氏率领随从胸襟坦荡步履从容地进入明堂。他的民众朴素稳重、正直诚实，不用互相争夺，因为财物富足，不用过分劳累身体而能大功告成。他凭借着大自然的资助，而与天地自然融为一体。所以，他尽管身处威厉地位，但却从不逞威逞凶；制定刑法政令，但却不必动用；法令简略而不烦苛，所以对民众的教化功效神奇。他的管辖范围南到交趾，北到幽都，东到旸谷，西到三危，各处无不听从归附。在这个时候，法律宽厚，刑罚轻缓，监狱空虚，而天下风俗却纯一，谁也不怀奸诈之心。

【原文】

昔黄帝之治天下，调日月之行，治阴阳之气，节四时之度，正律历之数。别男女，明上下，使强不掩弱，众不暴寡，民保命而不夭，岁时熟而不凶，百官正而无私，上下调而无尤，法令明而不暗，辅助公而不阿，田者让畔，道不拾遗，市不预贾。故于此时，日月星辰，不失其时，风雨时节，五谷丰昌，凤皇翔于庭，麒麟游于郊。虑牺氏之王天下，枕方寝绳，杀

秋约冬，负方州，抱员天，阴阳所拥，沉滞不通者窍
理之，逆气戾物伤民厚者绝止之。其民童蒙，不知西
东，视暝暝，行蹎蹎，侗然自得，莫知其所由，浮游
泛然不知所本，罔养不知所如往。当此之时，禽兽虫
蛇无不怀其爪牙，藏其螫毒。

功挨天地，至黄帝要缪乎太祖之下，然而不章其
功，不扬其名，隐真人之道，以从天地之固然。何
即？道德上通，而智故消灭也。(《文子·精诚》)

【释义】

当年黄帝治理天下，能顺应日月运行、阴阳变化
的规律来调节四季的法度，修正律历的标准，区分男
女的差别，明确上级和下级之间的贵贱等级。使强不
凌弱、众不欺寡；民众保全天命而不夭折，年成按时
丰收而不发生各种灾害，各级官员公正无私，上下级
协调而无过失，法令明确而不隐晦，辅佐大臣公正不
阿；田间耕作互不侵犯田地的界限，道路上遗失的东
西无人捡走，市场上没人哄抬物价。因此，那时候日
月星辰的运行不偏离轨道，风调雨顺，五谷丰登，凤
凰在庭院里飞翔，麒麟在郊外游走。伏羲为天子时，
他头枕方石、身躺绳床睡觉，让春天温暖，夏天炽

热，秋天肃杀，冬天寒冷，背靠大地、怀抱青天，当阴阳之气阻塞不通时，便给予疏理贯通；当逆气伤物危害百姓积聚财物时，便给予禁止消除。那时，民智未开，不分东西南北，行动舒缓沉稳，看东西若明若暗，无知天真与天道万物和协，谁也不知产生缘由，随意闲荡不知所归不求所需，飘忽不定没有目标。那时，野兽毒蛇全都收敛藏匿利爪獠牙毒刺，没有捕捉吞食的欲念。

黄帝的丰功伟绩堪比天地，关键在于他遵循大道太祖。尽管如此，他们从来不标榜炫耀自己的功绩，从来不彰显自己的名声，他们隐藏起真人之道，以遵从天地自然。为何这样呢？因为是道德上通九天，所以智巧奸诈就无法生存。

《文子》，作者相传是老子的弟子文子，主要解说老子之言，阐发老子思想，继承和发展了道家"道"的学说。

【原文】

禹之治水土也，迷而失途，谬之一国。滨北海之北，不知距齐州几千万里。其国名曰终北，不知际畔之所齐限，无风雨霜露，不生鸟兽、虫鱼、草木之类。四方悉平，周以乔陟。当国之中有山，山名壶领，状若甔甄。顶有口，状若员环，名曰滋穴。有水涌出，名曰神瀵，臭过兰椒，味过醪醴。一源分为四埒，注于山下。经营一国，亡不悉遍。土气和，亡札厉。人性婉而从物，不竞不争。柔心而弱骨，不骄不忌；长幼侪居。不君不臣；男女杂游，不媒不聘；缘水而居，不耕不稼。土气温适，不织不衣；百年而死，不夭不病。其民孳阜亡数，有喜乐，亡衰老哀苦。其俗好声，相携而迭谣，终日不辍音。饥惓则饮神瀵，力志和平。过则醉，经旬乃醒。沐浴神瀵，肤色脂泽，香气经旬乃歇。（《列子·汤问》）

【释义】

大禹治理洪水，迷失了道路，错到了一个国家，在北海北边的海滨，不知离中国有几千万里。那个国家名叫终北，不知它的边界到哪里为止。没有风雨霜露，不生鸟兽、虫鱼、草木这些东西。东南西北四个方向都很平坦，四周则有三重山脉围绕。国家的正当中有座山，山名叫作壶领，形状像个瓦瓮。山顶上有个口，形状像个圆环，名叫滋穴。有水从中涌出，名叫神瀵，香味胜过兰椒，甘美胜过甜酒。从这一个水源分出四条支流，流注到山脚下，经过全国，没有浸润不到的地方。土气中和，没有因疫病而去世的人。人性柔弱，顺其自然，不竞逐，不争夺；心地善良，筋骨软弱，不骄傲，不嫉妒；年长和年幼的都平等地居住在一起，没有国君，没有大臣；男女混杂游耍，没有媒妁，没有聘嫁；靠着水居住，不种田，不收割；土气温和适宜，不织布帛，不穿衣服，活一百岁才死，不早夭，不生病。那里的人民繁衍无数，有喜有乐，没有衰老、悲哀和痛苦。那里的风俗喜欢音乐，手拉手轮流唱歌，歌声整天不停。饥饿疲倦了就喝神泉的水，力气和心志便又恢复中和与平静。喝多了便醉，十几天才能醒。用神泉的水洗澡，肤色柔滑而有光泽，香气十几天才消散。

《列子》，又名《冲虚经》，传为战国前期思想家列子所作。从思想内容和语言使用上看，可能是后人根据古代资料编著的。全书共载民间故事寓言、神话传说等134则，是东晋人张湛所辑录增补的，题材广泛，有些颇富教育意义。

【原文】

昔者天地开辟，万物并生。大者恬其性，细者静其形。阴藏其气，阳发其精，害无所避，利无所争。放之不失，收之不盈；亡不为夭，存不为寿。福无所得，祸无所咎；各从其命，以度相守。明者不以智胜，暗者不以愚败，弱者不以迫畏，强者不以力尽。盖无君而庶物定，无臣而万事理，保身修性，不违其纪。惟兹若然，故能长久。（《大人先生传》）

【释义】

当年开天辟地，万物生成。大的生物都安于自己的天性，小的生物满足于自己的外形。阴气内藏，阳气外露，祸患不用逃避，利益无须争夺。放弃不会有什么损失，收取也不会增加什么；死亡不能说是夭折，活着也不能说是长寿；万物都遵从自己的天性，按道共同生活。聪明的人不用智慧获取利益，愚笨的人不会因此失去什么，身体虚弱的人不会因此而害怕，身体强壮的人不会因此而获利。没有君主和大臣而事情和顺通畅，保养身体，修养德性，不违背自然本性。唯有这样，所以能够长久。

《大人先生传》是阮籍的作品。阮籍（210—263年），三国时期魏国人，字嗣宗，陈留尉氏（今属河南）人。"竹林七贤"领袖人物，与嵇康齐名。阮籍善吟诗，嵇康长于文。此篇《大人先生传》即为阮籍流传后世为数不多的文章中的精品。

【原文】

洪荒之世，大朴未亏。君无文于上，民无竞于下。物全理顺，莫不自得。饱则安寝，饥则求食。怡然鼓腹，不知为至德之世也。若此，则安知仁义之端，礼律之文？（《难自然好学论》）

【释义】

洪荒之世，大道还没有亏损。君主没有礼乐刑政，人民没有相互竞争。所有的事事物物依理而行，和顺通达，都各得其性。人吃饱了就睡觉，饥饿了就找食物。每天吃饱睡好，怡然自乐，不知道那就是至德之世。像这样生活，怎么会知道仁义礼智、法律政令这些事呢？

《难自然好学论》是魏晋时嵇康所作。嵇康认为应该尊重人的自然本性，比如饿了就吃，而儒家所追求的仁义礼智是违反人的自然本性的，应该取消仁义礼智，恢复人的自然本性。

嵇康（223—262年），字叔夜，谯郡铚县（今安

徽省宿州市西）人，是魏晋之际著名的思想家和文学
家。因他与曹宗室有姻亲关系，曾做过曹魏政权的中
散大夫，但司马氏当政后，隐居不仕，与当时名士阮
籍、刘伶、向秀、山涛、阮咸、王戎结为“竹林之
游”，清议时政，切磋玄学，抨击名教。由于他采取
不与司马氏政权合作的态度，终被司马氏政权迫害
致死。

【原文】

　　曩古之世，无君无臣，穿井而饮，耕田而食，日
出而作，日入而息，泛然不系，恢尔自得。不竞不
营，无荣无辱，山无蹊径，泽无舟梁。川谷不通，则
不相并兼；士众不聚，则不相攻伐。是高巢不探，深
渊不漉，凤鸾栖息于庭宇，龙鳞群游于园池，饥虎
可履，虺蛇可执。涉泽而鸥鸟不入飞，入林而狐兔
不惊，势利不萌，祸乱不作，干戈不用，城池不设，
万物玄同，相忘于道，疫疬不流。民获考终，纯白
在胸，机心不生，含铺而熙，鼓腹而游，其言不华，
其行不饰，安得聚敛以夺民财，安得严刑以为坑阱！
（《抱朴子·外篇·诘鲍》）

【释义】

远古时代，没有君臣之分，大家凿井取水，耕田获取食物，太阳出来而开始劳作，太阳落山就休息。生活随遇而安，自由自在，不与别人竞争，没有荣辱区分。山上没有路，河里没有船，山不通、河不渡，则不会相互兼并争斗；人们不集聚在一起，则不会相互攻伐战争。因此，不去看树上鸟巢里的幼鸟或鸟蛋，不用网捕捞水里面的鱼虾，凤凰青鸾在厅堂屋檐下栖息，龙和麒麟在花园和池塘里游泳，饥饿的老虎可以抚摸，蟒蛇可以拿在手里玩耍，人到水里而水鸟不会惊飞，进入森林而狐狸兔子不会惊走。没有获取权力名声的心思，战乱祸端不会发生，盾牌长矛没有用处，城池不用设防。万物浑然同处，按照自然本性生活而忘记了相互的区别，传染病和流行性疾病不会发生，人们颐养天年，心思单纯天真，没有阴谋诡计，高高兴兴吃饭，欢欢乐乐游玩。人们言语朴实，行为直率，又怎么会剥夺人们的财产来聚敛财富呢？又怎么会设置严刑峻法来坑害百姓呢？

【现代意义】

中国的理想社会有复古情结，儒家将尧、舜、禹

时看作是大同社会，而道家则将比尧舜禹时代更早的
神农、伏羲和黄帝时看作至德之世。也就是说，儒家
将原始社会晚期看作是理想社会，看中的是原始社会
晚期的公平、公正和个人道德行为，那么道家则看中
的是原始社会早期或初期的特点：国家小，人口少，
民智未开，与世隔绝，人人平等，人人劳动，与世无
争等。这些社会特点都是由原始社会生产力极为低下
造成的，在我们现在看来是缺点，但在道家看来却成
了理想社会的先决条件。在人类进入阶级社会后，战
争、剥削、压迫等不公平不公正的现象浸入社会各个
层面，道家深刻洞悉了这些现象及其原因，但又无法
解决这些问题，因此只能退回到生产力极为低下的原
始社会。

道家的这种思维方式，当然是错误的，但道家
所看出的问题却是不容忽视的：理想的社会不会有战
争、不会剥削人和压迫人，社会应该是公正公平的，
人与自然应该是和谐的。这与儒家的大同之世的精神
实质是一致的。因此，和平、公正、公平都是中国古
代理想社会的共同特征。但是，今天的思想和道家是
不同的，我们解决和平、公正、公平是通过发展生产
力，靠合理的政治制度、经济制度、法律等措施来

实现。

在道家的理想社会中，有一点也值得我们重视，那就是人与自然的和谐。道家处理人与自然的关系是人彻底匍匐在自然的脚下，以此来实现人与自然的和谐，这当然有其消极、被动的一面。但现在随着科学技术的发展，人类又有走到另一个极端的倾向——人要控制自然，这当然也是不可取的，并且现在产生的生态危机、环境危机等都证明了人控制自然的危害性。无论生产力和科技如何发展，都必须尊重自然规律，这是人类改造和利用自然的前提，否则，会遭到自然规律的惩罚。

第二节　天上仙境

【原文】

西南四百里，曰昆仑之丘，是实惟帝之下都，神陆吾司之。其神状虎身而九尾，人面而虎爪；是神也，司天之九部及帝之圃时，有兽焉，其状如羊而四角，名曰土蝼，是食人。有鸟焉，其状如蜂，大如鸳鸯，名曰钦原，蠚鸟兽则死，蠚木则枯，有鸟焉，其

名曰鹑鸟，是司帝之百服。有木焉，其状如棠，黄华
赤实，其味如李而无核，名曰沙棠，可以御水，食之
使人不溺。有草焉，名曰蓍草，其状如葵，其味如
葱，食之已劳。河水出焉，而南流注于无达。赤水出
焉，而东南流注于泛天之水。洋水出焉，而西南流注
于丑涂之水。黑水出焉，而四海流注于大杅。是多怪
鸟兽。(《山海经·西山经》)

【释义】

往西南四百里，是座昆仑山，这里确实是天帝在
下界的都邑，天神陆吾主管它。这位天神的形貌是老
虎的身子却有九条尾巴，一副人的面孔可长着老虎的
爪子；这个神，主管天上的九部和天帝苑圃的时节。
山中有一种野兽，形状像普通的羊却长着四只角，名
称是土蝼，是能吃人的。山中有一种禽鸟，形状像一
般的蜜蜂，大小与鸳鸯差不多，名称是钦原，这种钦
原鸟刺螫其他鸟兽就会使它们死去，刺螫树木就会使
树木枯死。山中还有另一种禽鸟，名称是鹑鸟，它主
管天帝日常生活中各种器用服饰。山中又有一种树
木，形状像普通的棠梨树，却开着黄色的花朵并结出
红色的果实，味道像李子却没有核，名称是沙棠，可

以用来辟水，人吃了它就能漂浮不沉。山中还有一种草，名称是蕡草，形状很像葵菜，但味道与葱相似，吃了它就能使人解除烦恼忧愁。黄河水从这座山发源，然后向南流而东转注入无达山。赤水也发源于这座山，然后向东南流入泛天水。洋水也发源于这座山，然后向西南流入丑涂水。黑水也发源于这座山，然后向西流到大杆山。这座山中有许多奇怪的鸟兽。

《山海经》是先秦古籍，是一部富于神话传说的最古老的地理书。它主要记述古代地理、物产、神话、巫术、宗教等，也包括古史、医药、民俗、民族等方面的内容。除此之外，《山海经》还以流水账方式记载了一些奇怪的事件，对这些事件至今仍然存在较大的争论。最有代表性的神话寓言故事有，夸父逐日、女娲补天、精卫填海、鲧禹治水等。具体成书年代及作者不详。

【原文】

华胥氏之国在弇州之西，台州之北，不知斯齐国几千万里；盖非舟车足力之所及，神游而已。其国无师长，自然而已。其民无嗜欲，自然而已。不知乐生，不知恶死，故无天殇；不知亲己，不知疏物，故无爱憎；不知背逆，不知向顺，故无利害：都无所爱惜，都无所畏忌。入水不溺，入火不热。斫挞无伤痛，指擿无痟痒。乘空如履实，寝虚若处床。云雾不硋其视，雷霆不乱其听，美恶不滑其心，山谷不踬其步，神行而已。(《列子·黄帝》)

【释义】

华胥氏之国在弇州的西方，台州的北方，不知离中国有几千万里，并不是乘船、坐车和步行所能到达的，只不过是精神游历而已。那个国家没有老师和官长，一切听其自然罢了。那里的百姓没有嗜好和欲望，一切顺其自然罢了。他们不懂得以生存为快乐，也不懂得以死亡为可恶，因而没有幼年死亡的人；不懂得私爱自身，也不懂得疏远外物，因而没有可爱与可憎的东西；不懂得反对与叛逆，也不懂得赞成与顺从，因而没有有利与有害的事情。没有什么值得偏爱与吝惜的，也没有什么值得畏惧与忌讳的。他们到水中淹不死，到火里烧不坏。刀砍鞭打没有伤痛，指甲抓搔也不觉酸痒。乘云升空就像脚踏实地，寝卧虚气就像安睡木床。云雾不能妨碍他们的视觉，雷霆不能捣乱他们的听觉，美丑不能干扰他们的心情，山谷不能阻挡他们的脚步，一切都凭精神运行而已。

【原文】

夫太元之山，难知易求，不天不地，不沈不浮，绝险绵邈，嶷巍崎岖，和气絪缊，神意并游，玉井泓邃，灌溉匪休，百二十官，曹府相由，离坎列位，玄芝万株，绛树特生，其宝皆殊，金玉嵯峨，醴泉出隅，还年之士，挹其清流，子能修之，乔松可俦，此一山也。长谷之山，杳杳巍巍，玄气飘飘，玉液霏霏，金池紫房，在乎其隈，愚人妄往，至皆死归，有道之士，登之不衰，采服黄精，以致天飞，此二山也。(《抱朴子·内篇·微旨》)

【释义】

太元仙山，难以知晓却容易寻求，不顶天不垂地，不下沉不上浮，奇险幽远，高峻崎岖，中和之气弥漫四溢，精神意愿共同悠游，玉砌的水井又大又深，灌溉的清水无穷无尽。又有一百二十个仙官，官署一一相连。上下丹田各自排列。山上还有上万株黑色的灵芝，鲜红的奇树独立而生。这些宝物都很奇异，黄金玉石高耸而立，甘甜的泉水从旁边流出。返老还童之人，酌饮着那清澈的泉水。如果您能修炼，像王子乔、赤松子那样长寿也是可以达到的。这是其中一座山。还有一座是长谷山，迷茫崔巍，黑色的云气飘荡，白色的液体纷飞，金色的水池，紫色的房子就在旁边。蠢笨的人胡乱去闯，到处都是死亡的陷阱。但是懂得仙道的人，登这座山不会衰老。他们采食元气的精华，以此来飞天成仙。这是第二座山。

【原文】

祖洲近在东海之中，地方五百里，去西岸七万里。上有不死之草，草形如菰，苗长三四尺，人已死三日者，以草覆之皆当时活也。服之令人长生。昔秦始皇大苑中，多枉死者横道，有鸟如乌状，衔此草覆死人面，当时起坐而自活也。有司闻奏，始皇遣使者赍草以问北郭鬼谷先生。鬼谷先生云："臣尝闻东海祖洲上有不死之草，生琼田中，或名为养神芝，其叶似菰，苗丛生，一株可活一人。"始皇于是慨然言曰，可采得否？乃使使者徐福，发童男童女五百人，率摄楼船等入海寻祖洲，遂不返。福，道士也，字君房。后亦得道也。（《海内十洲三岛记·祖洲》）

【释义】

祖洲岛近在东海之中，方圆五百里，离西海岸七万里。岛上有不死草，草的形状像蘑菇，苗长三四尺，人死了三天，如果用不死草放在脸上，当时就能活过来。如果吃了这种草，就能让人长生不老。当年秦始皇在位时，大苑中有很多横死的人躺在路上，有一只像乌鸦一样的鸟，衔着不死草放在死人的脸上，当时就活了，坐了起来。有官员向秦始皇禀报，秦始皇派使者拿着这种草去问北郭的鬼谷先生。鬼谷先生说："我曾经听说过东海祖洲岛上有不死草，生长在玉石之田中，又叫作养神草，它的叶子像菰，苗丛生，一株可以救活一个人。"秦始皇感叹道，能不能采到这种草呢？于是派徐福，同时童男童女各五百人，率领摄楼船出海寻找祖洲岛，但是始终没有回来。徐福是个道士，字君房，后来也得道成仙了。

《海内十洲三岛记》，又名《海内十洲记》或《十洲三岛记》，作者托名为东方朔，即汉武帝时大夫，据考应为汉末魏晋间神仙方士所作。叙述传说中的祖洲、瀛洲、玄洲、炎洲、长洲、元洲、流洲、生洲、凤麟洲、聚窟洲十洲和方丈、蓬邱、昆仑三岛（附记沧海岛、扶桑）的山川动植、风物地志等。十洲三岛传为仙人所居之处，其间多产神芝仙草、甘液玉英，及珍禽异兽、灵物奇石等。该书情节离奇，光怪陆离。内容大多荒诞不经，缥缈难考，但文辞缛丽，充满奇妙幻想，如："风生兽""不死草""续弦胶""火浣布"等，虽托系神仙，但书中叙来言之凿凿，遂成典故，对后世文学较有影响。

【现代意义】

道教所追求羽化登仙、长生不老当然是一种无法实现的宗教愿望，但他们的贵生、养生的许多理论和实践，对当代人类的健康有极大的指导作用。

首先，关注身体健康。现代社会生产力迅速发展和科技的日新月异，为人类提供了巨大的社会财富和眼花缭乱的物质产品，极大地提升了人类的生活质量和生活水平，但却忽视了最根本的问题——身体健康。为了获取财富，不断地工作加班，有了财富之后，无节制地消费享受，不管是工作还是享受，身体都在超负荷运转。长此以往，体质弱化，疾病缠身，甚至过早离世。没有健康，就没有工作和享受的资本；没有生命，一切都失去了意义。道教的贵生、养生理论，可以使现代人明白，身体健康是幸福的源泉，延年益寿是最重要的享受。

其次，关注心理健康。没有健康的心理，就不会体味幸福和快乐。当下社会竞争强烈、攀比成风、人际关系复杂各方面的压力给人们造成日益严重的心理负担，人们常常很难把握自己的心理、心态，导致心态失衡，心理扭曲，生理紊乱，为人偏激等现象，丰富的物质生活却感受不到幸福。道教养生思想中不争、贵柔、守静等价值追求是对生命深邃的洞察，蕴含着丰富的哲理，对于化解现代社会中人与人过分的物欲追求和竞争所带来的冲突，使人的精神从他人与社会的驱使中解放出来具有重要意义。

最后，养生实践理论，对保持人的健康和延年益寿有积极的作用。如道家提倡以"五谷""五果""五畜""五菜"恰当搭配的日常饮食文化，能够达到营养培元，蓄精益气，预防疾病，延年健身的目的；再如道家的太极拳，练习者不仅能够强身健体，还能修炼心性，缓解压力，安静心灵；道家主张顺应自然，日出而作，日落而息，对身体非常有利。不少现代人或因工作，或因夜生活过于丰富，以至经常熬夜，处于亚健康的状态，长此下去，人体健康将会受到影响，容易生病、衰老。

第三节　极乐净土

【原文】

尔时佛告长老舍利弗：从是西方，过十万亿佛土，有世界名曰极乐。其土有佛，号阿弥陀，今现在说法。舍利弗，彼土何故名为极乐？其国众生，无有众苦，但受诸乐，故名极乐。又舍利弗，极乐国土，七重栏楯，七重罗网，七重行树，皆是四宝周匝围绕，是故彼国名为极乐。又舍利弗，极乐国土，有七宝池。八功德水，充满其中。池底纯以金沙布地。四边阶道，金、银、琉璃、玻璃合成。上有楼阁，亦以金、银、琉璃、玻璃、砗磲、赤珠、玛瑙而严饰之。池中莲华，大如车轮，青色青光，黄色黄光，赤色赤光，白色白光，微妙香洁。舍利弗，极乐国土成就如是功德庄严。又舍利弗，彼佛国土，常作天乐，黄金为地。昼夜六时，雨天曼陀罗华。其土众生，常以清旦，各以衣裓，盛众妙华，供养他方十万亿佛。即以食时，还到本国，饭食经行。舍利弗，极乐国土成就如是功德庄严。复次舍利弗，彼国常有种种奇妙杂色之鸟，白鹤、孔雀、鹦鹉、舍利、迦陵频伽、共命之鸟。是诸众鸟，昼夜六时，出和雅音，其音演畅五根、五力、七菩提分、八圣道分，如是等法。其土众生，闻是音已，皆悉念佛、念法、念僧。舍利弗，汝勿谓此鸟实是罪报所生。所以者何？彼佛国土无三恶道。舍利弗，其佛国土，尚无恶道之名，何况有实。是诸众鸟，皆是阿弥陀佛欲令法音宣流，变化所作。舍利弗，彼佛国土，微风吹动诸宝行树，及宝罗网，出微妙音。譬如百千种乐，同时俱作。闻是音者，自然皆生念佛、念法、念僧之心。舍利弗，其佛国土成就如是功德庄严。(《阿弥陀经》)

【释义】

那时，佛就直接地向大会中智慧第一的长老舍利弗宣说这一大法。佛说：从这里一直向西去，要经过十万亿那么多的佛世界（十万亿个三千大千世界）后，那儿有一个佛世界，世界的名号称为极乐。极乐佛国的佛祖名号，称为阿弥陀佛。就是在现在，这尊阿弥陀佛还正在为大众说法呢！舍利弗，那个佛国为什么会称为"极乐"呢？因为在那个国土里的一切众生，没有种种痛苦与危难，只会在生活上、精神上享受其他一切世界所没有的种种快乐，所以称为"极乐"。另外，在极乐国土中，有用金、银、琉璃、水晶为材料做成的精巧的栏杆、瑰丽的罗网和排列整齐的行树。这些栏杆、罗网和行树，呈现出种种有序的、美妙的几何图形，排列围绕着极乐国土里所有的建筑物，如亭台、楼阁、讲堂、花园等，使这些建筑物更加美观庄严。再有，在极乐国土中，有用金、银、琉璃、水晶、砗磲、红真珠、玛瑙等七宝所装饰的宝池，里面充满了八功德水。在池子底部，纯粹以金子化成的细沙软软地铺在池底。在池子的四周，有用金、银、琉璃、水晶交互化成的阶梯和通道。它们有的或是用金子作地，其他三种材料作为装饰品点缀在阶梯和通道上；有的或是用水晶作地，其他三种材料作为装饰品点缀在阶梯和通道上。在池子边上、阶梯或通道中间，还有用七宝化成的楼阁。它们也是以七宝中的一种作为主材料，其他作为装饰材料来装饰的。所以既不显得呆板，也不显得零乱，一切都是那么整齐有序而又富于美观价值。在池子里，自然化现出种种莲花。这些莲花团团圆圆，非常整齐。莲花的大小不一，大的非常大，直径甚至达到有几十里或更大。莲花的颜色也异常绚丽，有蓝色的、黄色的、红色的、白色的，等等，每种色彩又都放出相应颜色的光芒来。这种莲花不是普通的莲花，它们有着极其微妙不可思议的功用。它们的香气，则是极乐国土阿弥陀佛用无量的愿力和功德力所形成的微妙香气；它们的清净花体，则是极乐国土阿弥陀佛以清净的佛性所化成的微妙清净花体。同时，这里也包含了极乐国土里圣众们，在往生到极乐国土前及往生到极乐国土后，修持种种功德所造成的微妙香气及清净花体。无论哪里的众生，若能闻到这微妙的花香，或见到这微妙清净的花体，都会使过去的业障得以消除，功德得以恢复增长。舍利弗啊！极乐国土就是由这么多不可思议的功德来庄严成就的。

《阿弥陀经》，亦称《小无量寿经》，简称《小经》。与《无量寿经》《观无量寿经》合称"净土三经"。

【原文】

是时有一大城，名翅头末，长十二由旬，广七由旬，端严殊妙，庄严清净，福德之人，充满其中，以福德人故，丰乐安稳，其城七宝，上有楼阁，户牖轩窗，皆是众宝，真珠罗网，弥覆其上，街巷道陌，广十二里，扫洒清净。有大力龙王，名曰多罗尸弃，其池近城，龙王宫殿，在此池中，常于夜半，降微细雨，用淹尘土，其地润泽譬若油涂，行人来往无有尘坌。

时世人民，福德所致，巷陌处处，有明珠柱，皆高十里，其光明曜，昼夜无异，灯烛之明，不复为用，城邑舍宅，及诸里巷，乃至无有，细微土块，纯以金沙覆地，处处皆有金银之聚。

有大夜叉神，名跋陀波罗赊塞迦，常护此城，扫除清净，若有便利不净，地裂受之，受已还合。人命将终，自然行诣冢间而死，时世安乐，无有怨贼，劫窃之患，城邑聚落，无闭门者，亦无衰恼，水火刀兵，及诸饥馑，毒害之难，人常慈心，恭敬和顺，调伏诸根，语言谦逊。

舍利弗，我今为汝粗略说，彼国界城邑富乐之事，其诸园林池泉之中，自然而有八功德水，青、红、赤、白、杂色莲华，遍覆其上，其池四边，四宝阶道，众鸟和集，鹅鸭鸳鸯，孔雀翡翠，鹦鹉舍利，鸠那罗、耆婆耆婆等，诸妙音鸟，常在其中，复有异类妙音之鸟，不可称数。果树香树，充满国内。尔时阎浮提中，常有好香，譬如香山，流水美好味甘除

患，雨泽随时，谷稼滋茂，不生草秽，一种七获，用功甚少，所收甚多，食之香美，气力充实。（《佛说观弥勒菩萨下生经》）

【释义】

那时候有一处大城市叫翅头末，城市面积一千二百由旬，城内设备殊胜、庄严、清净，居住的人民都是充满福德的人，大家生活丰衣足食，安稳快乐。城内有七宝楼阁，楼阁门窗都是宝物，有真珠织成真珠网挂在门窗上面。街道宽度十二里，洒扫得很干净。

有大龙王叫多罗尸弃，他的宫殿靠近翅头末城，龙王常在半夜离开龙宫，降下细雨洗掉地上灰尘，雨过后地面润泽好像油涂过。为什么会这样清洁干净？都是那时候众生福德所造成的。

街道上处处都有明珠柱，柱高十里，明珠照耀大地，晚上看来好像白天，如今使用的灯烛，那时候都没用。城内宅院和街道，都没有小土块，处处都是金沙铺地。

有一位大夜叉神，名叫跋陀波罗赊塞迦。常常保护翅头末城，把城内扫得干干净净。如果有不净的东西落在地上，地面会自动裂开，收受这些东西，而后大地又复合起来，同时也生出赤色莲花，隐蔽秽气。那时候人民到临命终时，自己走到森林树下，念佛安乐而去。

未来弥勒净土世界，没有盗贼抢劫的事情发生，门户也不必关闭。也没有恼人的水灾火灾，刀兵战乱，以及饥馑贫苦毒害之苦难，生活物质非常丰富，人民不浪费而惜福。人人慈心、恭敬，六根清净，言语柔和谦顺，长幼有序，如父爱子，也如母爱子，这太平盛世的实况，都是由弥勒慈心训示教导，以及众生福德所产生。今持不杀戒，不食肉，以此因缘将来必生弥勒国土。生在弥勒国土的人民，个个相貌威仪，有如天上童子。

佛陀说：舍利弗，我今日为你粗略说说弥勒世界富裕快乐之事，那个世界有很多园林水池，池中泉水是八功德水。水池上有青、红、赤、白及杂色莲花，水池四周是四宝阶梯，四周也有很多鸟、鹅鸭、鸳鸯、孔雀、翡翠、舍利（秋鹭）、鸠那罗（斑鸠）、耆婆耆婆等，也有很多能唱出美妙声音的鸟类，种类之多说不完。有很多如意果树和香树，香气飘散各地，美妙无比，使阎浮提（地球），到处都可嗅到香气味，好像进入香山。池中八功德水气味好，饮后能除病患，饮后体力充沛，精神十足。当大雨润泽大地时，稻穗实时茂盛，田中都不生杂草，工力少收成多，轻松播种就有七倍收成，谷物免煮就可吃，吃后气力充沛无比。

《佛说观弥勒菩萨下生经》，弥勒三部经之一，又称《观弥勒菩萨下生经》《观弥勒下生经》《弥勒成佛经》《弥勒当来下生经》《下生经》。西晋竺法护译。收于大正藏第十四册。古来关于弥勒下生之诸经中，本经为最受重视者。

【原文】

彼国菩萨，承佛威神，于一食顷，复往十方无边净刹，供养诸佛。华香幢幡，供养之具，应念即至，皆现手中。珍妙殊特，非世所有。以奉诸佛，及菩萨众。其所散华，即于空中，合为一华。华皆向下，端圆周匝，化成华盖。百千光色，色色异香，香气普熏。盖之小者，满十由旬，如是转倍，乃至遍覆三千大千世界。随其前后，以次化没。若不更以新华重散，前所散华终不复落。于虚空中共奏天乐，以微妙音歌叹佛德。经须臾间，还其本国，都悉集会七宝讲堂。无量寿佛，则为广宣大教，演畅妙法。莫不欢喜，心解得道。即时香风吹七宝树，出五音声。无量妙华，随风四散。自然供养，如是不绝。一切诸天，皆赍百千华香，万种伎乐，供养彼佛，及诸菩萨声闻之众。前后往来，熙怡快乐。此皆无量寿佛本愿加威，及曾供养如来，善根相续，无缺减故，善修习故，善摄取故，善成就故。(《无量寿经·歌叹佛德》)

【释义】

西方极乐世界的菩萨，仰承阿弥陀佛的神威之力，在一顿饭的时间内，往复于十方无边无际的佛国净土，去供养佛国的诸多佛。供佛所需的花、香、幢、幡等供品，随其意念立即而至。这些供品珍奇美妙，特殊非凡，不为世间所有，都是至心虔诚地奉献给诸佛及众菩萨的。他们若有洒下的花瓣，在空中便立即合成一巨花，花瓣向下，端顶浑圆周全，化成华盖，华盖放射百千种光，纷呈百千种色，每种色彩都放出异香，香气薰满空中。小的华盖有十由旬大，大的华盖是小华盖的一倍或者数倍，乃至大到可以覆盖三千大千世界。所有这些花缓缓下降，随着落下来的先后，依次化没，前花刚散，新花又降，若是没有重新撒下新的花瓣聚合成新花，前所撒下的花就不会落下，依然在空中悬浮。菩萨们于虚空之中合奏美妙天乐，音乐回荡在虚空中，歌颂着佛的大功德。只需片刻的工夫，菩萨们又都回到极乐世界，全部集会于七宝讲堂。在这里，无量寿佛为他们广宣经教，演说妙法。无量寿佛的声音如此美好，菩萨们听闻教导后莫不欢欣鼓舞，心结解开，得悟圣道。每当这时，就有香风吹拂七宝树，发出五种音乐声，无数神妙之花也都随风四下散开。这样的妙景，在一切时间中反复不绝。一切的诸天圣众，全都捧着百千种鲜花和妙香，奏出万种乐器，或唱歌，或舞蹈，都在一心供养阿弥陀佛、供养诸菩萨。一切圣众前后往来，熙熙攘攘，怡悦欢乐。这都是因为无量寿佛功德加于圣众，同时也是诸圣众在过去世中曾至心供养过佛，其所积累的善根佛德延续下来，在极乐世界一一受报的缘故，是圣众善于修习、善于摄取、善于成就的缘故。

《无量寿经》，全称《佛说无量寿经》，二卷，曹魏康僧铠译，净土三经之一。经中介绍了阿弥陀佛（无量寿佛）接引众生的大愿、极乐世界的美好景象，以及大千世界的罪恶肮脏等内容。

【现代意义】

佛教的西方极乐世界或净土世界，被描绘成一个无比纯洁、美妙、神奇的世界，虽然现实世界不可能出现这种奇迹，但对我们却具有一定的启发和借鉴意义。

首先，极乐世界的美好想象激励人们建设美好家园。现在，环境污染和生态恶化是影响人们生活质量的严重问题，而理想社会应该是一个风景优美的生活环境，因此，必须建设文明生态，改善地球家园，美化居住环境。

其次，极乐世界中关于心态平和、心情愉悦的生活方式值得借鉴。现代工作压力大，生活节奏快，心态有所失衡等。因此应该处理好外部压力和内部心理，使生活安逸，心态平和，身心和谐，提高生活质量。

最后，极乐世界关于饮食自然如意的做法也有启示意义。食品是人最基本的需求，一方面要注意饮食均衡，另一方面必须要加强食品安全管理，促进人的身体健康。

跋

由李长喜同志主编、六位理论宣传工作干部联合编著的《党政干部传统文化学习丛书》——《讲仁爱》《重民本》《守诚信》《崇正义》《尚和合》《求大同》等六本书和国务院国资委监事会温克同志撰写的《养廉洁》即将出版发行。

《丛书》以史为鉴，以民族复兴为旗帜，弘扬优秀传统文化，践行社会主义核心价值观。丛书的编著可谓："正议中华崇信仰，纵议经典道修为，畅说美丽中国梦，尽析国策明大理。"其中，《崇正义》举公正之旗，高唱"公正"作为社会主义核心价值的主旋律；《求大同》寻根人类最高理想，求"世界大同""天下为公"，成为人类最高社会理想；《尚和合》实现大同之世，行"和合"之法，树"和合"之道；《重民本》是我国历史"民贵"思想的承传，以民为本，依靠人民，才是民族走向昌盛的根本；《守诚信》是中华民族最重要的道德规范和行为准则之一，最高的诚信是信仰的净化，民族信仰的真理之光会照耀着社会平等友爱；《讲仁爱》是中国优秀传统文化的思想精华，就是以"仁"为根本，以"爱人"为核心。所谓"仁者爱人"是一种致力于"仁爱"，践行和坚守"仁爱"的世界观、社会观、伦理观和道德观。《养廉洁》是社会需要，是践行社会主义价值观的必行之路。

这套《丛书》是根据习近平同志关于学习和弘扬中华优秀传统文化的一系列重要讲话精神编著的。丛书选取了古代明君贤相和专家学者的相关经典论述、名言警句、诗词等古代原文，译成通俗易懂的白话文，并联系现代实际，深入阐发其当代价值和现实意义，特别是对培育和践行社会主义核心价值观的精神力量，体现了习近平同志关于古为今用、推陈出新、以古鉴今的重要思想。《丛书》通俗易懂、具有很强的现实应用价值，填补了国家理论宣传领域对传统文化深层解读的知识体系之空白，也是目前国家层面高水准的党政干部传统文化研修读本，同时可以作为各级党政干部培训的参考教材和标准化的课程体系。

　　此套教材的研发，是国家文化战略重点课题《中华优秀传统文化传承体系构建研究》和"十二五"教育部规划课题《传统文化与中小学生人格培养研究》两大课题并题研究的科研成果，教材的出版也得到了中国留学人才发展基金会中华传统文化振兴基金的大力支持。

　　在此，对主编和编著者们付出的辛苦和努力，对参与和支持项目研究的各级领导和业务机构一并表示感谢。同时，特别感谢著名学者、中国书法家协会理事、"十二五"教育部规划课题《传统文化与中小学生人格培养研究》传统文化系列教材编审委员会专家、大连图书馆终身名誉馆长、研究员（享受国务院特殊津贴）张本义先生为丛书题写书名。

普颖华　张　健

国家文化战略重点课题《中华优秀传统
文化传承体系构建研究》总课题组
"十二五"教育部规划课题《传统文化与
中小学生人格培养研究》总课题组

统　　筹:任　超　于　青
责任编辑:宫　共
封面设计:王欢欢
责任校对:吕　飞

图书在版编目(CIP)数据

求大同/邵文辉 编著;中国国学文化艺术中心 组编.
　—北京:人民出版社,2016.10(2017 年 5 月重印)
(党政干部传统文化学习丛书/李长喜主编)
ISBN 978－7－01－016498－4

Ⅰ.①求…　Ⅱ.①邵…②中…　Ⅲ.①中华文化-
干部教育-学习参考资料　Ⅳ.①K203

中国版本图书馆 CIP 数据核字(2016)第 174706 号

求大同

QIU DATONG

邵文辉　编著
中国国学文化艺术中心　组编

人 民 出 版 社 出版发行
(100706　北京市东城区隆福寺街 99 号)

北京新华印刷有限公司印刷　新华书店经销

2016 年 10 月第 1 版　2017 年 5 月北京第 3 次印刷
开本:880 毫米×1230 毫米 1/32　印张:7.625　字数:122 千字

ISBN 978－7－01－016498－4　定价:27.00 元

邮购地址 100706　北京市东城区隆福寺街 99 号
人民东方图书销售中心　电话 (010)65250042　65289539